BASTEI
LÜBBE
TASCHENBUCH

Über die Autoren:

Matthias Baxmann ist Diplom-Puppenspieler. Seit Mitte der 1990er Jahre schreibt und produziert er Sendungen für den Hörfunk. Seine Features und Hörspiele erhielten zahlreiche Auszeichnungen wie den ARD-Hörspielpreis und den ARD-online-Award.

Matthias Eckoldt studierte Philosophie. Er veröffentlichte Romane, Kurzerzählungen sowie Sachbücher. Zuletzt erschien von ihm das Buch »Kann das Gehirn das Gehirn verstehen?«. Zugleich verfasste Eckoldt über fünfhundert Radiobeiträge und wurde mit dem idw-Preis für Wissenschaftsjournalismus ausgezeichnet.

Gemeinsam entwickelten Eckoldt und Baxmann die Sendereihen »Mensch Müller« und »Alltag anders« für Deutschlandradio Kultur.

Matthias Baxmann   Matthias Eckoldt

WOANDERS IST AUCH ALLTAG

Auslandskorrespondenten erzählen
von den Tücken in der Fremde

**BASTEI
LÜBBE**
TASCHENBUCH

BASTEI LÜBBE TASCHENBUCH
Band 60819

Dieser Titel ist auch als E-Book erschienen.

Originalausgabe

Copyright © 2014 by Bastei Lübbe AG, Köln
Textredaktion: Viola Krauß, Köln
Titelillustration: © Shutterstock/Vector pro;
© Shutterstock/squarelogo
Umschlaggestaltung: FAVORITBUERO, München
Satz: hanseatenSatz-bremen, Bremen
Gesetzt aus der Weiss Std
Druck und Verarbeitung: GGP Media GmbH, Pößneck
Printed in Germany
ISBN 978-3-404-60819-5

2   4   6   5   3

Sie finden uns im Internet unter
www.luebbe.de
Bitte beachten Sie auch: www.lesejury.de

INHALT

VORWORT

Die ARD-Auslandskorrespondentin aus Afrika während ihres Heimaturlaubs zu Besuch im Deutschlandradio Kultur in Berlin. Auf die obligatorische Gesprächseröffnung »Wie geht es Ihnen?« kommt von ihr ein Seufzer, und sinngemäß sagt sie: »Ach wissen Sie, ich hab mich so darauf gefreut, mal wieder in Deutschland zu sein. Das Leben hier ist einfach so viel weniger anstrengend.« Mir kommen die zahllosen alltäglichen Schwierigkeiten hierzulande in den Sinn, sodass ich mit der Unzuverlässigkeit der Deutschen Bahn und ihren permanenten Verspätungen dagegenhalte. Da muss die Kollegin lachen: »Bei uns fährt ein Zug pro Tag, wenn überhaupt einer fährt!«

Ein paar Tage später ein ähnliches Gespräch mit einer Kollegin, die seit einigen Jahren in Buenos Aires lebt und arbeitet: »Bei uns ist es viel lauter als hier. In den Wohnungen gibt es zum Bespiel überhaupt keinen Schallschutz. Von den Nachbarn hört man ständig alles.«

Kurze Zeit darauf der Besuch von einem amerikanischen Freund, der irgendwann sagt: »Deutschland ist so ein reiches Land. Auf den Straßen sieht man überhaupt keine alten Autos!«

Das waren die drei Impulse, die uns im Frühjahr 2012 zu der eigentlich banalen Erkenntnis brachten: Die Perspektive von außen ergibt ein ganz anderes Bild von Deutschland, als wir Einheimischen es haben. Und mit der Erfahrung des Lebens woanders erscheint vieles von dem, was uns plagt und beschwert, in einem anderen Licht.

Ob es wohl einen Weg gäbe, unseren Hörerinnen und Hörern den Alltag anderswo zu vermitteln und sie an diesem reizvollen Perspektivenwechsel teilhaben zu lassen? Und ließe sich dafür ein kleines und kurzweiliges Radioformat erarbeiten, das auch für den Morgen geeignet ist, wenn die Hörerschaft selbst in ihren Alltag eintaucht? Das war die Frage, der Redakteur Jörg Degenhardt und die beiden Autoren Matthias Baxmann und Matthias Eckoldt nachgingen. In Zusammenarbeit mit den Auslandskorrespondentinnen und -korrespondenten von ARD und Deutschlandradio entwickelten sie die Reihe *Alltag anders*. Baxmann und Eckoldt unterhalten sich seither mit vier oder fünf von ihnen über vorher angekündigte Phänomene des Alltags – sagen wir zum Beispiel: Busfahren – und produzieren aus den aufgenommenen Gesprächen eine Collage. Und sie machen das so gekonnt, dass man beim Zuhören das Gefühl hat, als ob die Korrespondentinnen und Korrespondenten in Los Angeles, Mexiko-Stadt, Nairobi, Peking und Moskau an einem Tisch säßen und sich darüber unterhielten, wie bei ihnen das öffentliche Bussystem funktioniert – oder auch nicht.

Seit September 2012, immer freitags um 7.40 Uhr, melden sich nun im Frühprogramm von Deutschlandradio Kultur die Kolleginnen und Kollegen von den Außenposten in aller Welt, und erzählen von den Dingen, die sie selbst täglich erleben oder beobachten: Von A wie Alkohol über H wie Handwerker und S wie Supermarkt bis hin zu T wie Toiletten und Z wie Zahnpflege.

Apropos Zahnpflege: Nach dem Beitrag zu diesem Thema meldete sich Hörer Mike S. per E-Mail: »Beziehe mich auf (…) *Alltag anders*. Korrespondentin aus Delhi sagte, sie kenne dort eine gute Zahnärztin. Da ich bald dorthin umziehe … können Sie mir weiterhelfen … welche Zahnärztin war genau (Name? Adr.?) gemeint. Vielen Dank im Voraus.« Kollegin Sandra Petersmann konnte helfen: »Hallo Herr S. Hier schreibt Ihnen die Hörfunkkorrespondentin der ARD in Delhi in Sachen Zahnarzt. (…) Bei Dr. Poonam B. in Safdarjang Enclave in Neu-Delhi sind Sie allerbestens aufgehoben. Die kriegt sogar meine tiefsitzende Phobie in den Griff.«

Das sind die kleinen Geschichten, von denen man als Radiomensch kaum zu träumen wagt. Wie auch davon, dass sich Hörerinnen und Hörer inzwischen regelmäßig mit eigenen Themenvorschlägen an die Redaktion wenden, die diese ebenso regelmäßig aufgreift.

Das Leben manifestiert sich nicht in großen Haupt- und Staatsaktionen oder in spektakulären Ereignissen. Es manifestiert sich in den täglichen lebensnotwendigen Abläufen und Verrichtungen, den Ritualen, Gewohnheiten und Traditionen, und in dem zivilisatorischen und kulturellen Rahmen, den Staat und Gesellschaft dafür organisiert haben. Und da zeigt *Alltag anders* auf sehr subtile Weise, wie ungeheuer vielgestaltig und bunt das Leben auf dieser Welt ist – noch immer ist, trotz des unwiderstehlichen Sogs der Globalisierung.

Der Alltag in anderen Weltgegenden ist jedoch nicht nur anders. Er ist für die Menschen in den weitaus größten Teilen des Globus immer noch eine Herausforderung – beschwerlich, anstrengend, riskant, kräftezehrend und ermüdend, in jedem Fall unseren Respekt verdienend. Ganz anders als unser effizienter, durchorganisierter, abgesicherter und komfortabler Alltag – selbst wenn man in Rechnung stellt, dass es auch in Deutschland Menschen gibt, die zu kämpfen haben, weil es ihnen weitaus schlechter geht als dem Durchschnitt der Bevölkerung.

Alltag anders, die Sendereihe und das daraus entstandene Buch, ist also auch eine Würdigung der kleinen Leute weltweit, wie sie die Tücken ihres jeweiligen Alltags annehmen und mit ihnen fertig werden. Es ist zugleich eine Hommage an die Auslandskorrespondentinnen und -korrespondenten von ARD und Deutschlandradio, die sich über Jahre auf diesen fremden Alltag mit sämtlichen seiner Facetten einlassen. Von ihrem Enthusiasmus und Engagement lebt unsere Sendereihe; dafür an dieser Stelle ein besonderes Dankeschön.

In Zeiten von Internet, Websites und -archiven ist ein weiterer Traum von Radiomenschen, dass etwas bleiben möge vom Inhalt unseres flüchtigen Mediums. Bei *Alltag anders* ist auch dieser Traum wahr geworden. Die Verlagslektorin Franziska Beyer von Bastei Lübbe befand, dass man daraus ein schönes Buch machen könne. Herzlichen Dank auch an sie und die beteiligten Mitarbeiterinnen und Mitarbeiter des Verlags. Schließlich ein großer Dank an Jörg Degenhardt, Matthias Baxmann und Matthias Eckoldt. Das gemeinsame Abhören der neu produzierten Collagen von *Alltag anders* gehört nach wie vor zu den freudvollen Momenten meines journalistischen Alltags.

Peter Lange, Chefredakteur Deutschlandradio Kultur
Berlin, im März 2014

FREUDEN

BROT

Los Angeles + + + Istanbul + + + Peking + + +
Buenos Aires + + + Brüssel

USA:

Das gute deutsche Brot, das ist der Stoff, aus dem die Träume hier in Kalifornien gemacht sind!

Inzwischen gibt es auch in Los Angeles alles, was Brotliebhaber mögen: Vollkornbrot, Pumpernickel, Sesam-Bagel. Einziger Nachteil: Die Spezialitäten aus Germany sind recht teuer. Somit verspüre ich zwar kein direktes Heimweh nach deutschem Brot, aber der Duft in einer deutschen Bäckerei, der ist schlicht unschlagbar.

Türkei:

In Istanbul gibt es erstaunlich viele Brotsorten. Meine persönlichen Erfahrungen damit sind auch sehr gut. Umgerechnet weniger als zwanzig Cent kostet hier der 300-Gramm-Laib vom sogenannten Volksbrot, *Halk Ekmek* – vermutlich, damit auch wirklich alle satt werden können. Es handelt sich dabei um ein weiches, labbriges Weißbrot, das leider bereits nach ein paar Stunden hart ist.

Ich kaufe das nicht, sondern halte mich lieber an das leckere Vollkornbrot. Das kostet zwar zehnmal mehr, schmeckt mir dafür aber zwanzigmal besser. Deshalb lohnt sich die Investition.

Zu kaufen gibt es dieses Vollkornbrot in der Bäckereikette »Komsufirin«, an der die Frau des Ministerpräsidenten Erdoğan beteiligt ist. Bei vielen Türken geht der Groll auf die Regierung Erdoğans so weit, dass sie lieber auf die Köstlichkeiten dieser

Kette verzichten, damit sie die Staatsmacht auch nicht auf Umwegen unterstützen.

China:

In China isst man relativ wenig Brot. Schon gar nicht so ein Brot, wie man es aus Deutschland kennt. Die sogenannten *Baoze* aus Nordchina kommen unserem Brot wohl am nächsten. Es handelt sich dabei um eine Art gedämpfte Brötchen. Meiner Meinung nach schmecken die *Baoze*, wenn sie nicht gefüllt sind, völlig neutral. Ich mag sie, ehrlich gesagt, nicht so gerne.

Da kaufe ich lieber beim deutschen Bäcker in Peking ein. Dort trifft man auch stets Leute aus der deutschen Community – die gehen nämlich alle dorthin.

Argentinien:

Das traditionelle Essen hierzulande, das *Asado* – ein Grillfest, das die Argentinier fast jedes Wochenende feiern –, wäre ohne Brot undenkbar. Allerdings ist dieses Brot ein wenig eintönig. In Argentinien gibt es überwiegend Weizenweißbrot.

Ich esse es sehr gerne – aber irgendwann kann ich einfach kein Weißbrot mehr sehen. Meiner Lebensgefährtin geht es ähnlich, deshalb hat sie hier angefangen, selber Brot zu backen. Und zwar mit Sauerteigmischungen, die wir extra aus Deutschland bekommen.

In den vergangenen zwei, drei Jahren haben hier ein paar vereinzelte Brotläden aufgemacht, die auch auf Sauerteigbrot setzen. Doch es wird wohl einige Zeit dauern, bis es hier seine Anhängerschaft findet. Die Argentinier sind doch sehr an ihr Weißbrot gewöhnt.

Belgien:

In Brüssel gibt es das gute deutsche Vollkornbrot leider so nicht, auch wenn es dunkleres Brot auf den unterschiedlichen Märkten der Stadt zu kaufen gibt. Dort werden außerdem Brote mit

Nüssen, Oliven oder Ähnlichem verkauft, die absolut fantastisch schmecken können.

Ansonsten isst man hier hauptsächlich Baguette – leckeres und weniger leckeres. Beim Bäcker an der Ecke zum Beispiel kann man schon mal richtig Pech haben und ein Labbriges erwischen.

Darben muss ich hier in Brüssel allerdings nicht, und es ist auch nicht so, dass ich den Heimaturlaub kaum erwarten kann, um endlich wieder »richtiges« Brot zu bekommen. Dazu esse ich ein gutes Baguette viel zu gerne.

Nicole Markwald, Los Angeles
Thomas Bormann, Istanbul
Ruth Kirchner, Peking
Julio Segador, Buenos Aires
Anette Riedel, Brüssel

FEIERABEND

Moskau +++ London +++ Los Angeles +++ Tel Aviv +++ Johannesburg

Russland:

In Moskau ist es schwierig mit dem Feierabend. Die Anfahrts- und Nachhausewege sind hier üblicherweise sehr lang, die meisten Leute wohnen am Stadtrand oder sogar außerhalb des Autobahnringes. Da sieht jeder zu, dass er nach Hause kommt und es sich dort gemütlich macht.

Zu dieser Gemütlichkeit zählt das klassische deutsche Feierabendbier eher nicht. Fester Bestandteil dagegen ist der eingeschaltete Fernseher, auch wenn niemand hinschaut.

Großbritannien:

In Großbritannien geht man nach der Arbeit in den Pub auf ein schnelles Bier. Bier hilft immer. Überall vor den Pubs stehen nach Dienstschluss also Trauben von Menschen, die sich an einem Pint festhalten. Am *Casual Friday* sind die Trauben besonders groß. Dieser Tag ohne Schlips und Krägelchen spielt in Großbritannien eine besondere Rolle. Dann geht man wie gewohnt nach Dienstschluss mit den Kollegen in den Pub, belässt es jedoch nicht nur bei einem Bier. Üblicherweise wird abwechselnd Runde für Runde geschmissen, und der Feierabend endet sehr feucht-fröhlich und sehr spät. Die jeweiligen Partnerinnen sind bei diesem Amüsement nur zugegen, wenn sie in derselben Firma arbeiten, ansonsten wartet die Frau zu Hause oder geht ihrerseits mit den Kollegen in den Pub.

USA:

Meinem Eindruck nach gibt es den klassischen Feierabend in den USA so nicht. Man arbeitet schlicht so lange, bis alles geschafft ist. Die Einstellung: »17 Uhr, ich gehe jetzt, nach mir die Sintflut«, wie man sie aus Deutschland teilweise kennt, scheint hierzulande nicht zu existieren. Hier herrscht eine andere Arbeitsmoral und ebenso ein anderer Arbeitsdruck. Manche nehmen nicht einmal die wenigen Urlaubstage, die ihnen zur Verfügung stehen, aus Angst, ihren Job zu verlieren.

Es wird allgemein eher länger gearbeitet als nötig. Sucht man beispielsweise eine Arztpraxis nach offiziellem Dienstschluss auf, wird man trotzdem noch behandelt.

Mindestens eine nette Tradition im Arbeitsalltag ist mir aber aufgefallen: die Happy Hour. Bevor die Büroangestellten nach Hause gehen, strömen sie in die Bars, wo man sich zwischen 17 und 19 Uhr bei verbilligten Drinks von der Arbeit entspannen kann. Für viele bedeutet das aber noch lange nicht, dass danach Feierabend ist. Zuhause lässt es sich schließlich auch wunderbar arbeiten.

Israel:

Die meisten Leute versuchen, bis um acht Uhr abends zu Hause zu sein. Dann beginnt der Feierabend in den israelischen Familien mit den Nachrichten im Fernsehen.

Ein Feierabendbierchen gönnt sich hier kaum jemand. Die Israelis trinken extrem wenig Alkohol. Stattdessen treiben viele Leute in den Abendstunden Sport. Basketball zum Beispiel auf einem der zahlreichen beleuchteten Basketballplätze. Dort trifft man sich zwanglos und spielt eine Partie.

Ein richtiger Feierabend scheint hier aber nicht zu existieren. Das Handy ist immer an. Wenigstens die religiösen Israelis achten stark darauf, dass sie zumindest am Freitagabend komplett herunterfahren. So bin ich Leuten begegnet, die zu mir gesagt haben: »Wenn du am Freitag nach 16 Uhr anrufst, gehe ich definitiv nicht ran, dann ist mein Handy ausgeschaltet. Du kannst am Samstagabend anrufen, davor aber bin ich nicht erreichbar.«

Südafrika:
Besonders in Johannesburg füllen sich nachmittags ab vier Uhr die Bars und Cafés. Ich kenne kein anderes Volk, das sich so oft und in so großen Gruppen trifft, gemeinsam ein Bier trinkt und den Feierabend einläutet. Das traditionelle Feierabendbier scheint in Südafrika sogar noch weiter verbreitet zu sein als in Deutschland.

Mein persönlicher Lieblingsplatz für die freien Abendstunden in Johannesburg ist der Bowlingclub. Dort spielen alte Männer mit Strohhüten, kurzen Hosen und weißen Kniestrümpfen neben jungen Menschen, die herumsitzen und billiges Bier trinken. Alles mischt sich – Schwarze und Weiße, Junge und Alte –, und alle feiern sie gemeinsam.

Gesine Dornblüth, Moskau,
Jochen Spengler, London
Nicole Markwald, Los Angeles
Christian Wagner, Tel Aviv
Jan-Philippe Schlüter, Johannesburg

FEIERTAGE

Mexiko-Stadt +++ Warschau +++ Nairobi +++ Peking +++
Washington

Mexiko:
Die Mexikaner leben von Feiertag zu Feiertag. Ich habe sie nicht
durchgezählt, das ist zu schwer, weil es so viele sind.

Es gibt in Mexiko einen sehr speziellen Feiertag, der zugleich
einer der wichtigsten des Landes ist: den Tag der Toten, der Día
de los Muertos. Die Mexikaner machen sich an diesem Tag über
den Tod lustig. Die Straßen sind dann bunt geschmückt mit Blumen, Skeletten und anderen Todessymbolen, es wird gegessen,
getanzt und getrunken und die Wiederkehr der Toten gefeiert.

Als ich einem deutschen Bekannten eine solche Skelettfigur
geschenkt habe, kam das gar nicht gut an. Unsereins findet das
ziemlich befremdlich – für die Mexikaner hingegen ist das einfach nur lustig.

Polen:
Fragen Sie einen beliebigen Polen, welche Bedeutung der gerade
begangene Feiertag hat – er oder sie wird es wissen. Die Polen
sind unglaublich kundig in ihrer eigenen Landesgeschichte.

Der wichtigste Feiertag hier ist der Tag der Unabhängigkeit.
In diesem sehr katholischen Land, wo nach wie vor jeder Dritte
sonntags in die Kirche geht, ist an diesem Tag wirklich alles geschlossen. Sogar die Bahnen fahren kaum. Und viele Menschen
schließen sich den öffentlichen Feierlichkeiten an.

Ein anderer enorm wichtiger Feiertag ist Allerheiligen. Die
Friedhöfe sind dann rappelvoll, und die Plätze vor den Friedhöfen sehen aus wie große Blumenausstellungen. Familien tref-

fen sich an den Gräbern, um sie zu pflegen und unendlich viele Grablichter aufzustellen.

In Polen ist es völlig unvorstellbar, dass irgendeiner der nationalen Feiertage gestrichen würde. Das wäre ein absolutes Politikum. Und die kirchlichen Feiertage – das ginge schon erst recht nicht.

Kenia:

In Kenia gibt es gleich drei Nationalfeiertage, und die werden ausführlichst begangen.

Hier in Nairobi strömen die Menschen massenweise in den Park und trommeln von früh bis spät. Am Heldentag werden die alten Unabhängigkeitskämpfer geehrt, und es ist ein Vergnügen, die betagten Männer mit ihren Rastalocken zu beobachten.

In Kenia gibt es zwar weniger Feiertage als in Deutschland, dafür werden immer wieder spontane Feiertage ausgerufen. Der Präsident erklärt beispielsweise gerne mal am Samstag den darauffolgenden Montag zum Feiertag, weil dieses oder jenes Gesetz verabschiedet wurde, und alle dürfen dann zu Hause bleiben.

Der 1. Mai als Feiertag ist noch ein Überbleibsel aus der Kolonialzeit. Da verkündet der Präsident regelmäßig, dass die Gehälter angehoben werden.

China:

Die Feiertage in China sind eine echte Geduldsprobe. Die Arbeitnehmer sind dann nämlich immer gleich eine ganze Woche lang im Urlaub. Nehmen wir den chinesischen Nationalfeiertag, den 1. Oktober. Offiziell sind drei Feiertage dafür vorgesehen: Montag, Dienstag und Mittwoch. Die Leute haben dann aber Donnerstag und Freitag auch noch frei. Sie müssen dafür an dem Samstag oder Sonntag davor oder danach arbeiten. Die genauen Regelungen erscheinen mir so bizarr, dass ich sie bis heute nicht verstanden habe.

Zum Neujahrsfest fahren die Leute nach Hause zu ihrer Familie. Jeder Wanderarbeiter in Peking beispielsweise fährt dann in sein Dorf zurück. Das löst jedes Jahr eine gigantische Reisewelle aus, und Millionen von Menschen stürmen die Züge – fast wie eine gewaltige Völkerwanderung.

Einkaufen allerdings kann man in diesem Land immer, sonntags wie feiertags.

USA:

Gefühlt existieren hier genauso viele Feiertage wie in Deutschland – was nicht bedeutet, dass an Feiertagen nicht gearbeitet wird. Am Martin Luther King Day haben zum Beispiel nur die öffentlichen Angestellten frei, alle anderen müssen arbeiten.

Dann gibt es Feiertage, die immer auf dem gleichen Wochentag liegen. Damit sich die Angestellten mit ihren knappen Urlaubstagen ein verlängertes Wochenende bauen können.

Ein Feiertag, den wir in Deutschland nicht kennen, ist Thanksgiving. Das öffentliche Leben steht an diesem Tag so gut wie still, ausnahmslos jeder hat frei, und jeder begeht dieses Fest. Dabei versammelt man sich um einen großen, meist völlig trockenen Truthahn mit Süßkartoffeln und Cranberrys. Thanksgiving ist in gewisser Weise das, was bei uns Weihnachten ist. Weihnachten feiert man in den USA eher im Familienkreis mit Freunden, und Thanksgiving als reines Familienfest.

Der zweite Feiertag, an dem tatsächlich alle Menschen frei haben, ist der Unabhängigkeitstag.

Martin Polansky, Mexiko-Stadt
Sabine Adler, Warschau
Antje Diekhans, Nairobi
Ruth Kirchner, Peking
Marcus Pindur, Washington

FEUERWERK

Rom +++ Nairobi +++ Warschau +++ Shanghai +++ Zürich

Italien:
Das erste Silvester in Rom, das ich erlebt habe, hat sich angehört wie ein Bombenangriff in Bagdad. Ein gigantischer Radau!

Die Italiener setzen vor allem auf Kracher – Kracher, die der-
maßen laut sind, dass bei uns fast die Fensterscheiben kaputt-
gegangen sind. Nicht einmal auf meine Dachterrasse habe ich
mich getraut, um das Feuerwerk anzuschauen, aus Angst, dass
mir der Schädel weggeschossen wird.

Die Italiener sind große Fans von Feuerwerk. Richtig lang
muss es sein, heftig und am liebsten häufig. Ich kann von mei-
nem Balkon den Monte Mario mit seinem berühmten Hilton
Hotel sehen, wo beinahe jeden Abend Feste mit fantastischen
Feuerwerken stattfinden. Dann setze ich mich oft mit einem
Bierchen auf die Terrasse und schaue mir das an.

Einmal musste ich erleben, wie eine Rakete in die Wohnung
gegenüber flog und sie in Flammen aufging. Da sonst keiner anwesend war, habe ich die Feuerwehr alarmiert und konnte mich
so von der Effizienz der italienischen Brandwache überzeugen:
Sie war 17 Minuten später da.

Kenia:
Kenianer böllern nicht. Kenia zählte 2013 zu einem der Welt-
hungerländer – es wäre also absurd, wenn das Volk sich Böller
leisten würde. In Deutschland gibt es ja sogar die Spendenak-
tion »Brot statt Böller«. Es leben hier zwar Leute, die sich Feuerwerkskörper leisten könnten, aber in Nairobi macht das trotzdem keiner und auf dem Land schon gar nicht.

Wer hier allerdings böllert, und zwar richtig kräftig, das sind die Inder. In Nairobi leben sehr viele Menschen indischer Abstammung, und die haben ihre ganz eigenen Feste, die sich mit unseren nicht decken. Kracht und knallt es also wieder einmal in unmittelbarer Nähe, erschrickt man sich zunächst, weil man denkt, es könnte sich um einen Anschlag handeln. Kurz darauf stellt man erleichtert fest, dass es sich nur um ein Fest der Hindus handelt.

Polen:
Silvester in Polen ist bunt, laut und wunderschön.

Die Feuerwerkskörper hier sind besonders billig, aber leider auch besonders gefährlich. Meine Söhne durften deshalb ihre Party nur unter der Bedingung veranstalten, dass sie ausschließlich von einer Raketenanlage abschießen. Das Risiko schien mir zu groß, dass ein paar Raketen unbeabsichtigte Wege nehmen und zu den Nachbarn in den Garten sausen. Ich persönlich habe mir das Feuerwerk dann sicherheitshalber nur angeschaut, statt selbst zu schießen.

China:
Jeder, der einmal ein chinesisches Neujahrsfest miterlebt hat, durfte auch seine Erfahrung mit Feuerwerk machen – meist eine, die er sein Leben lang nicht mehr vergisst.

Jedes Neujahr passieren in China viele Unfälle, bei denen es leider auch zig Tote gibt. Dabei hat das Böllern an sich nichts wirklich Aggressives. Niemand wirft zum Beispiel Böller auf jemand anderen. Aber beim chinesischen Neujahrsfest geht es in einem viel größeren Ausmaß zur Sache, als wir das von Silvester in Deutschland kennen. In China dauern die Feierlichkeiten nicht nur eine Nacht, sondern im Grunde eine ganze Woche lang. Die Leute geben dabei Tausende von Euro für ihre Feuerwerkskörper aus, und zwar nicht nur die Reichen. Das hat folgenden Hintergrund: Ein paar Tage nach Neujahr kommt der chinesischen Mythologie zufolge der Glücksgott auf die Erde. Und die Leute, die an diesem Tag am lautesten böllern, werden im nächsten Jahr am großzügigsten mit Glück und Wohlstand beschenkt.

Schweiz:
Silvester in Zürich ist genial, das kann ich nur wärmstens empfehlen. Direkt am See findet dann ein wunderbares professionelles Feuerwerk statt. Was die private Böllerei betrifft, wird in Zürich eher verhalten geschossen.

Das größte Feuerwerk in der Schweiz habe ich verpasst: In Oensingen im Kanton Solothurn wurden eine Stunde lang fünf Tonnen Pulver in die Luft gefeuert. Allein 100 000 Franken werden dabei nur für den Aufbau ausgegeben. Was das gesamte Spektakel kostet, weiß kein Mensch, das ist Geheimsache.

Stefan Troendle, Rom
Antje Diekhans, Nairobi
Henryk Jarczyk, Warschau
Markus Rimmele, Shanghai
Hans-Jürgen Maurus, Zürich

FLIRTEN

Moskau +++ Rabat +++ Tokio +++ Tel Aviv +++ London

Russland:
In Russland wird nicht viel geflirtet – und das ist wenig erstaunlich. Die Hälfte des Jahres herrscht hier eine derartige Kälte, dass man sich so schnell wie nur möglich vom Fleck bewegt. Entweder regnet, friert, schneit oder hagelt es – da kommt man nicht zum Flirten.

Zusätzlich zum unfreundlichen Wetter ist Moskau eine Stadt, in der es ziemlich ruppig zugeht. Die Einwohner scheinen den ganzen Tag gestresst und voller Sorgen zu sein, vermutlich auch deshalb, weil die Organisation des Alltags sehr viel Zeit kostet. Da kommt keine rechte Flirtstimmung auf.

Generell sind die Moskauer – und ich denke, das liegt teilweise an der politischen Vergangenheit – eher kontaktscheu. In der Metro zum Beispiel schauen sie stur vor sich hin oder lesen, Blicke werden selten ausgetauscht.

Ansonsten fassen sich hier viele Frauen ein Herz, die Männer sehr direkt anzuflirten und sogar nach einem Treffen zu fragen. So direkt habe ich das noch in keinem anderen Land erlebt!

Marokko:
Die Marokkaner flirten häufig – allerdings sehr subtil. Da wir uns in einem muslimischen Land befinden, ist dieses Terrain zwischen Männern und Frauen für unsere Begriffe schwierig, und das Flirten muss eher versteckt vor sich gehen. Vieles läuft dabei nonverbal. Für mich als Europäer ist das Entschlüsseln dieser Kommunikation oft nicht leicht. Hier flirtet man sich für ein-

25

deutig horizontale Interessen teilweise völlig ohne Worte an. Das ist für mich schon sehr befremdlich.

Grundsätzlich erscheint mir die gesamte Kontaktaufnahme etwas verkrampft. Man muss sehr vorsichtig sein, weil man nie weiß, welches Signal wie interpretiert wird. Die Sache kann komplett in die Hose gehen. Nach dem Motto: Er hat mich angelächelt, und morgen sind wir verheiratet.

Genauso ist es möglich, dass man flirtet und damit unabsichtlich in eine professionelle Beziehung gerät, für die hinterher Geld verlangt wird. Das passiert sogar relativ oft in Marokko.

Japan:

Beim Thema Flirten kann ich nicht auf persönliche Erfahrungen zurückgreifen, was sicher auch damit zu tun hat, dass man nicht hemmungslos flirtet in Japan. (Das wird meine Frau freuen!)

Die Japaner zeigen in ihrer Mimik im Grunde kaum Gefühle, und weil ihnen das so schwerfällt, gibt es eine ganze Reihe von technischen Hilfsmitteln beziehungsweise Spielzeugen. Ganz neu sind Katzenohren, die an das Gehirn angeschlossen werden und dann ausdrücken, wie man sich gerade fühlt. Anhand der Stellung der Ohren kann der Eingeweihte zum Beispiel sehen, ob der Träger jemanden sehr nett findet (Ohren zeigen auf die betreffende Person) oder betrübt ist (Ohren klappen sich ein).

Wenn es aber zur Sache geht, passiert alles relativ schnell. Dann suchen die Paare in Tokio erstaunlich zügig ein sogenanntes Love-Hotel auf, ein einfaches Stundenhotel, das man buchen kann, um zu zweit zu sein.

Israel:

Gerade in Tel Aviv schauen sich die Menschen mit offenen Augen an, das macht das Leben hier sehr angenehm. Das ist wie ein Dauerflirt. Es liegt hier eine gewisse Erotik in der Luft. Dieses schnelle schüchterne Wegschauen, das wir aus Deutschland kennen, gibt es hier nicht.

Das führt dann häufig dazu, dass viele Frauen schneller und drastischer angesprochen werden, als ihnen lieb ist. Mir wurde gesagt, dass die schönen Frauen am Strand sogar mit einer Floskel angesprochen werden, die übersetzt heißt: »Wie geht's, Puppe?« Jene schönen israelischen Frauen haben sich deshalb einen ziemlichen Panzer angelegt, um die lästigen Kandidaten loszuwerden.

Umgekehrt bin ich auch einmal von einer Dame angeflirtet worden – und habe mich sofort als schüchterner Deutscher geoutet, der weggeblickt hat.

Bei den Schwulen hingegen geht es wohl gleich richtig zur Sache. Man hat mir erzählt, dass hier am Strand sofort gefragt wird: »Wie steht's bei dir: aktiv oder passiv?«

Großbritannien:
Ein harmloser Flirt ist immer möglich in London: Augenkontakt, ein paar nette Sätze, ein Scherz. Und von älteren Damen an der Supermarktkasse beispielsweise wird man gerne »Darling« genannt. Das ist aber nicht anzüglich gemeint. Wenn man diesen netten Umgang miteinander zwischen den Geschlechtern im Laden oder in der U-Bahn auch schon als Flirt bezeichnen will, ja, dann ist das sehr leicht möglich.

Freunden zufolge soll es etwas heißer zugehen, sobald Alkohol im Spiel ist. Da unterscheiden sich die Briten kaum von anderen Nationen.

Gesine Dornblüth, Moskau
Alexander Göbel, Rabat
Peter Kujath, Tokio
Sebastian Engelbrecht, Tel Aviv
Jochen Spengler, London

HERBST

Moskau +++ London +++ Tokio +++ Stockholm +++
Madrid

Russland:

In Moskau gibt es keinen Herbst. Stattdessen gibt es einen sehr
langen Winter, einen recht kurzen Sommer und dazwischen
Übergangszeiten. Das, was ich mit Herbst verbinde – lange Spa-
ziergänge durch Laub bei noch erträglichen Temperaturen –, das
habe ich hier noch nicht erlebt, dazu sind die Übergangszeiten
viel zu kurz. Der Herbst spielt hier eine etwas stiefmütterliche
Rolle.

Ab dem 1. September tragen die Kinder auf dem Spielplatz
in meinem Innenhof Mützen – egal, welche Temperaturen gerade herrschen. Das scheint ein ungeschriebenes Gesetz zu sein.
Am 1. September wird der Wechsel von Sommer zu Herbst voll-
zogen, basta.

Großbritannien:

Wenn es nicht dauernieselt – was in London leider häufig vor-
kommt –, kann der Herbst hier wunderschön sein.

Den Herbstsmog, für den London früher berühmt war, gibt
es zum Glück nicht mehr. An dieser fürchterlichen Mischung
aus Nebel und Rauch sind noch in den Fünfzigerjahren tatsächlich tausende Menschen gestorben.

Heute hat der englische Herbstnebel auch etwas Wunderbares. Im außerhalb gelegenen Richmond-Park zum Beispiel laufen
Hunderte von Hirschen frei herum und röhren kräftig durch die
Gegend. Liegt dazu morgens noch der Tau auf den Wiesen, ist
das sehr romantisch.

Japan:

Der Herbst ist in Tokio – letztlich in ganz Japan – herrlich. Die schön leuchtend rot gefärbten Ahornblätter, die sogenannten Momiji, kommen dann zum Tragen. Die Japaner stehen in Massen mit ihren Kameras vor dieser Herbstlaubfärbung und fotografieren die wunderschönen Ahornbäume.

In Deutschland hatte ich mich mit dem Herbst nie wirklich beschäftigt, aber weil die Japaner so viel Aufhebens um die Momiji machen, ist das für mich hier ebenfalls zu etwas Besonderem geworden.

Schweden:

Den Herbst in Schweden finde ich eher frustrierend, denn einige Leute verhalten sich so, als würde diese Jahreszeit schon im August beginnen. All das, was in Stockholm den Sommer so lebendig macht, hat dann plötzlich geschlossen – unabhängig davon, wie das Wetter ist. Von einem Tag auf den anderen machen sämtliche Eisdielen und Straßencafés dicht, dabei kann es auch hier in Schweden noch wunderschöne goldene Herbsttage bis in den Oktober hinein geben.

Ich glaube, die Schweden sind im Geiste schon bei der dunklen Jahreszeit, in der sie wieder ihre Tageslichtlampe hervorkramen müssen, und in der es endlos dauert, bis die Sonne wiederkehrt. Viele haben mit der Winterdepression zu kämpfen, und die beginnt bei einigen bereits im Herbst.

Spanien:

Den Herbst, wie man ihn in Deutschland kennt, hat man zumindest in Madrid, im Zentrum des Landes, nicht. Im August herrschen hier sehr trockene Temperaturen um die vierzig Grad, im September bleibt es warm, und im Oktober wird es dann ziemlich schnell kalt.

Zwar hat man hier nicht unbedingt dieses wochenlange Grau in Grau gepaart mit Herbststürmen, dennoch kann die Jahreszeit recht deprimierend sein. Im Herbst nämlich kommt eine Regenzeit übers Land, die äußerst unangenehm ist.

Erntedank feiert man in Spanien nicht, und in der Schule gibt es auch keine Herbstferien. Dafür zelebriert man hier inzwischen – wie fast überall auf der Welt – »Chalowien«!

Gesine Dornblüth, Moskau
Jochen Spengler, London
Peter Kujath, Tokio
Tim Krohn, Stockholm
Reinhard Spiegelhauer, Madrid

KOCHEN

Shanghai +++ Rabat +++ Washington +++ Paris +++
Warschau

China:
Die Chinesen essen unglaublich gern, das Essen ist quasi ihr
größtes Hobby. Wobei die chinesische Küche komplett anders
ist, als einem durch die vielen China-Restaurants in Deutschland
vermittelt wird. Sie ist unglaublich vielfältig und wartet mit un-
zähligen Fleisch- und Gemüsesorten auf. Ein wahres Schlaraf-
fenland für kulinarische Genießer.

Das Problem in China sind die Zutaten. Jede Woche wird ein
neuer Lebensmittelskandal aufgedeckt. Das ist nichts für Zartbe-
saitete. Wie leicht können einem da das Essen und das Kochen
vergehen. Wir haben in China beispielsweise ein riesiges Problem mit Fisch, der mit Hormonen vollgepumpt ist.

Was definitiv nicht in meinem Kochtopf landen wird – so
gerne ich die chinesische Küche mag –, sind Hühnerfüße, in
Scheiben geschnittene Schweineohren, Schweinegesichter und
Schafsköpfe, ebenso wenig wie gebratene Skorpione.

Marokko:
Kochen ist eine absolute Leidenschaft der Marokkaner. Jeder
kann zu diesem Thema etwas sagen, weil wirklich jeder kocht.
Sogar mit wildfremden Menschen lässt es sich wunderbar fabulieren über die Zubereitung von Essen.

Marokko ist berühmtberüchtigt dafür, dass hier unter anderem Schafshirn und Hammelhoden auf den Tisch kommen. Ich
selbst habe auch schon Schafshirn probiert und muss sagen: Das
schmeckt gar nicht übel.

Man kocht in Marokko gern gemeinsam. Jeder bringt dann etwas mit. Einer bereitet zum Beispiel den Salat zu, ein anderer kümmert sich um den Fisch oder das Fleisch. Der große Treffpunkt ist dann also die Küche. Das gefällt mir sehr gut, besonders wenn dort Crossover gekocht wird.

USA:

Wenn man in Washington in einen Supermarkt geht, sieht man unheimlich viele Fertiggerichte. Andererseits sind die Amerikaner Meister des Barbecues. Zu einem guten Barbecue gehört natürlich zunächst ein guter Barbecue-Grill, worauf dann Burger oder Steaks zubereitet werden und wozu man amerikanischen Kartoffelsalat isst.

Der Trend geht jedoch immer mehr dahin, auch mal Gemüse auf den Grill zu legen. Sehr beliebt ist auch Gemüse-Finger-Food. Das sind Broccoliröschen oder klein geschnittene Karotten, die in einen Dip getunkt werden. Worauf man penibel achten muss: Bloß nicht double dippen, also nicht vom Gemüse abbeißen und den Stick noch einmal in den Dip stecken. Das gilt hier als unhygienisch, darauf achtet man sehr viel mehr als in Deutschland.

Frankreich:

Das Kochen ist in Frankreich eine echte Wissenschaft. Sich der Kochkunst der Franzosen annähern zu wollen, wäre natürlich vermessen.

Es gibt einen gravierenden Unterschied zwischen der deutschen und der französischen Art zu kochen: Wenn wir hier ein eher deutsches Gericht servieren, um zu zeigen, dass auch unsereins in der Lage ist zu kochen, entsteht immer eine lebhafte Diskussion über die Zutaten und die Herkunft der Lebensmittel. Den Franzosen ist es egal, ob das Essen kalorienarm oder ob es gesund ist. Das ist hier in Frankreich kein Thema, es würde nämlich den schönen Augenblick verderben. In Frankreich kommt selbstverständlich Crème fraîche an den Nachtisch und todsicher Butter an die Soße.

Polen:

Ich koche nicht auf polnische Art. Für meine Begriffe ist das eine recht schwere Küche mit viel Panade und viel Mayonnaise. Paniertes Fleisch in allen möglichen Varianten ist zum Beispiel sehr beliebt.

Zu jedem typisch polnischen Mittag- oder Abendessen gehört allerdings ein relativ gesunder Rohkostsalat. Meistens handelt es sich dabei um geriebene Möhren oder Rote Bete mit Meerrettich sowie Rotkohl und Weißkohl.

Fisch habe ich hier, ehrlich gesagt, noch nicht probiert. Man hat mir mehrmals davon abgeraten, denn Fisch – so heißt es – sei nicht die Stärke dieser Küche.

Am Tisch wird man geradezu genötigt, immer wieder zuzulangen und auch bloß nicht die Getränke zu vergessen. Wein ist erlaubt, aber natürlich wird sehr viel lieber Wodka getrunken.

Markus Rimmele, Shanghai
Alexander Göbel, Rabat
Marcus Pindur, Washington
Ursula Welter, Paris
Sabine Adler, Warschau

MARKT

Warschau +++ Peking +++ Tokio +++ Rom +++ Kabul

Polen:
Natürlich geht man in Polen so oft wie möglich auf Märkten einkaufen, denn diese Märkte sind sehr pittoresk. In jedem Viertel von Warschau gibt es mindestens einen wunderschönen bunten Markt.

Die Märkte finden im Freien statt. Die Händler und Händlerinnen gehen mit Ihnen von Ware zu Ware, Sie können alles anfassen und sogar reinbeißen. Erst wenn Sie sich hundert Prozent sicher sind, ordern Sie: »Davon zwei Kilo und davon drei Kilo.« Der Händler erwidert in der Regel so etwas wie: »Wenn Sie davon zehn Kilo nehmen, können wir nochmal über den Preis reden.«

In Warschau findet man auch wunderbare Flohmärkte. Mein liebster liegt in der Peripherie, ist unglaublich charmant und spezialisiert auf Antiquitäten. Leider kenne ich mich nicht aus und kann den Preis nicht richtig einschätzen. Deswegen zahle ich auf diesen Trödelmärkten immer das, was ich für richtig halte – womit ich manchmal garantiert ziemlich danebenliege.

China:
Märkte finden im Grunde überall statt, also nicht nur in Peking, sondern auch in allen anderen Städten – und zwar nicht nur am Wochenende, sondern jeden Tag der Woche.

Wenn man hier in Peking auf einen Kleidermarkt geht, muss man knallhart handeln. Man sollte den gewünschten Preis nennen und dann sagen: »Das ist mein letztes Angebot.« Danach müssen Sie auch wirklich weggehen. Dann wird der Verkäufer garantiert hinterhergelaufen kommen und einlenken. Auf den

Gemüsemärkten dagegen läuft es anders, dort geht alles viel geregelter zu als auf den anderen Märkten.

Spannend ist auch der Pekinger Fake-Markt, dort können Sie sämtliche Markenprodukte kaufen, die es auf der Welt gibt. Allerdings sind die gefälschten Produkte teilweise so billig und so schlecht gemacht, dass man die Fälschung sofort sieht.

Japan:

Ich kaufe in Tokio keine Esswaren auf dem Markt, weil es dort kaum welche gibt. Die Stadt ist einfach zu groß, und abgesehen von den Flüssen ist Tokio eine absolute Betonwüste. Gemüse lässt man sich eher von den Bauern von außerhalb schicken.

Flohmärkte allerdings findet man in Tokio schon. Für mich ist ein Besuch noch immer faszinierend. Unfassbar, was man dort alles kaufen kann – ob es ein Yukata* ist oder ein Kimono für meine Frau. In Tokio wird zum Glück auf dem Markt nicht um den Preis gefeilscht. In der Metropolregion um Osaka dagegen sieht das ganz anders aus, dort kann man selbst im Kaufhaus mit dem Personal verhandeln.

Italien:

Die Märkte in Italien sind einfach toll. In Rom hat jedes Stadtviertel seinen eigenen Markt. Obst und Gemüse kauft man generell nicht im Supermarkt, sondern nur dort.

Ich habe das Glück, dass ungefähr hundert Meter von meiner Wohnung entfernt eine ganz wunderbare riesige Markthalle liegt. In einem Gebäude von 1880, wie man es aus dem südlichen Italien kennt. Jeden Morgen wird frische Ware verkauft. Und die Qualität ist wirklich anders, als wir sie in Deutschland gewohnt sind. Die Preise sind dabei noch nicht einmal überteuert.

Ich gehe dort sehr gerne hin und kaufe immer eher kleine Mengen, dafür aber jeden Tag. Das machen die Italiener genauso.

----

*Unkompliziertere Variante des Kimono

Handeln ist in Italien eher beim Kauf einer neuen Jacke oder irgendwelchen größeren Anschaffungen üblich. Dabei gehört das Feilschen regelrecht zum guten Ton, und keiner ist beleidigt. Auf dem Markt hingegen muss man nicht handeln, weil man stets zum gleichen Verkäufer geht – der weiß, dass man wiederkommt, deswegen schummelt er nicht, sondern rundet eher ab, wenn die Summe ungerade ist.

Afghanistan:
In Kabul sind die Büchermärkte etwas Besonderes. Während der Taliban-Ära haben einige Menschen die damals verbotenen Bücher in Sicherheit gebracht, und die werden heute wieder verkauft. Ich finde das sehr spannend und gehe dort gerne hin.

Das, was wir als Trödelmarkt bezeichnen würden, ist in Afghanistan absolut sehenswert. Die Märkte dieser Art sind wie im Mittelalter organisiert, das heißt nach Zünften. In Kabul finden Sie zum Beispiel einen Markt, auf dem es nur Textilien gibt. In einer bestimmten Ecke gibt es dann nur Burkas.

Die meiner Meinung nach schönsten Burkas kommen übrigens aus China und sind mit ganz feinen Plisseefalten versehen. Ich habe selbst einmal eine erstanden, um darin nach Kandahar zu fahren.

Wenn eine Weißnase wie ich an einem Produkt Interesse zeigt, schlägt man auf den Preis mindestens hundert Prozent drauf. Wenn sich tatsächlich ein Händler auf das Handeln einlässt, dann passiert das in der Provinz, wo die Menschen Ausländern gegenüber etwas günstiger gestimmt sind. In Kabul dagegen ist das Handeln für unsereinen von vornherein ausgeschlossen.

Henryk Jarczyk, Warschau
Ruth Kirchner, Peking
Peter Kujath, Tokio
Stefan Troendle, Rom
Sabina Matthay, Kabul

MITTAGSSCHLAF

Shanghai +++ Rom +++ Washington +++ Nairobi +++
Mexiko-Stadt

China:
Eine bewundernswerte Gabe, die viele Chinesen haben: Sie können spontan schlafen – auch auf Vorrat.

Ich habe wirklich die erstaunlichsten Dinge gesehen in
China: Arbeiter, die an zehnspurigen Monsterstraßen auf einem
schmalen Mäuerchen liegen, von dem sie fast herunterfallen,
und dort tief und fest schlafen. Überhaupt sieht man hier in
China in der Öffentlichkeit oft schlafende Leute. In der U-Bahn
schlummern sie sogar im Stehen! Ein kurzes Nickerchen baut
man hier immer mal irgendwo ein.

Auch die Leute im Büro machen während der Mittagspause
die Augen zu. Dafür hat jeder Verständnis. Was man hier jedoch
nicht verstehen würde, wäre eine richtige Siesta, während der
alles für zwei Stunden dicht ist.

Leider kann man bei seinen Schlafgewohnheiten wohl nicht
aus seiner Haut. Ich selbst bin weder an Mittagsschlaf noch an
kleine Nickerchen zwischendurch gewöhnt. Ich kann nicht im
Sitzen schlafen, und ich kann mir das von den Chinesen bedau-
erlicherweise auch nicht abgucken. Ich kann es nur bewundern.

Italien:
Es ist ein hartnäckiges Vorurteil, dass die Südländer mittags Siesta halten. Diese Zeiten sind längst vorbei. In Süditalien mag es
dieses Phänomen hier und da noch geben, aber in Rom erlebe
ich das selten. Man tafelt in Italien mittags nicht mehr groß und
braucht deshalb auch keinen Verdauungsschlaf. Ein Salat oder

ein bisschen Pasta – das war's. Hier wird erst abends ausgiebig gegessen.

Im Sommer jedoch, wenn Rom vor Hitze glüht, geht es nicht ohne lange Mittagspause, in der man sich nach Möglichkeit nicht mehr bewegt. Von 13 bis 14 Uhr, teilweise sogar bis 17 Uhr, schließen dann auch viele Läden. Ob die Leute währenddessen ein Schläfchen halten, weiß ich zugegebenermaßen nicht.

Die Mittagspause wird in Italien gleichzeitig sehr entspannt gehandhabt. Ich betrat neulich fünf Minuten nach Beginn der Mittagspause eine Behörde, und trotzdem sagte man zu mir: »Alles kein Problem, komm rein.« So gelassen können die Italiener sein.

USA:

Die Amerikaner haben eine sehr erfolgsorientierte Kultur, in der ein extrem hoher Einsatz gefordert wird. Letztlich kommt es gar nicht so sehr auf Effizienz an, sondern auf Präsenz. Es gehört sich also, viele Stunden zu arbeiten. Mittagsschlaf ist da verpönt. Wer in den USA einen Mittagsschlaf hält, der hat eine laxe Arbeitsmoral. Diesen Eindruck will natürlich niemand erwecken.

Da ich in Washington meistens 13 bis 14 Stunden am Tag arbeite, könnte ich persönlich ohne Mittagsschlaf gar nicht auskommen. Danach gehe ich dann in meine zweite Schicht. Weil ich mein Studio und mein Büro zu Hause habe, kräht glücklicherweise kein Hahn danach.

Kenia:

Die Kenianer machen zwischendurch gerne mal ein Nickerchen, und ich wundere mich immer, wo sie überall einschlafen können.

Natürlich halten es viele von ihnen folgendermaßen: Wenn sie mittags den Bauch voll haben, legen sie sich in den Schatten unter den Bäumen, machen die Augen zu und ruhen sich aus.

Ich selbst gönne mir keinen Mittagsschlaf. Allein deshalb, weil ich hier nachts sehr viel mehr schlafe als in Deutschland. Dadurch, dass es abends das ganze Jahr über um 19 Uhr dunkel wird, bin ich hier einfach früher müde.

Mexiko:
Eine Siesta wie in Spanien kennt man in Mexiko nicht.

Allerdings zelebriert man hier ein sehr ausgiebiges Mittagessen und geht ab 14 Uhr meist mit dem gesamten Kollegenkreis ins Restaurant. Anders als in Deutschland, wo man das Essen in einer halben Stunde reinmampft, nehmen sich die Mexikaner mittags für gewöhnlich jede Menge Zeit und sitzen anderthalb Stunden zusammen. Für ein Schläfchen nutzen sie diese Pausen nicht. Sie haben aber eine gewisse soziale Funktion und ersetzen vielleicht auch ein kleines bisschen den erholsamen Mittagsschlaf.

Markus Rimmele, Shanghai
Jan-Christoph Kitzler, Rom
Marcus Pindur, Washington
Antje Diekhans, Nairobi
Martin Polansky, Mexiko-Stadt

PARKS

Rabat +++ Shanghai +++ Paris +++ Warschau +++
Washington

Marokko:
Rabat ist so etwas wie die Hauptstadt der Parks, hier sind wirklich Meisterplaner und -gärtner am Werk.

Der Park bei mir hier um die Ecke ist etwas ganz Besonderes, die Rettung für junge Verliebte. Sie dürfen nämlich ihre Liebste oder ihren Liebsten nicht mit ins Elternhaus nehmen. Das ist in Marokko undenkbar, solange man nicht verlobt ist. Ich jogge oft durch besagten Park, und es ist wirklich rührend, wenn man die Zahnspangenpärchen beim Händchenhalten sieht. Sie verstecken sich im hinteren Teil des Parks, wo die großen Eukalyptusbäume stehen und das Gras hochgewachsen ist. Dort sitzen sie eng umschlungen und haben Angst, dass irgendjemand sie erblickt oder ihre Stimme erkennt.

Diese soziale Funktion hat früher das Kino erfüllt, doch in Rabat gibt es so gut wie keine Kinos mehr. Stattdessen sitzen die Verliebten am Abend im Park – so lange, bis er geschlossen wird.

China:
Shanghai ist leider eine Stadt mit sehr wenig Grün und nur wenigen Parks, gemessen daran, dass hier 24 Millionen Menschen leben.

Es gibt kleinere Parks, aber die sind so voll, dass es mir wirklich keinen Spaß macht, mich dort aufzuhalten. Die Chinesen stört das nicht – im Gegenteil. Sie mögen es, wenn Betrieb ist, wenn richtig was los ist.

In den meisten Parks gibt es nach alter chinesischer Parkbaukunst auch einen See, doch auch der ist voll – mit Booten. In der Nähe der Seen ist ein ruhiges, entspanntes Parkleben auch nicht möglich. Wer Natur sucht und sich womöglich mit einem Buch mal drei Stunden hinlegen möchte, der ist hier völlig falsch.

Die Chinesen singen auch Karaoke im Park und drehen die Musik entsprechend auf. Manche tanzen dazu. Das ist sehr schön anzusehen.

Frankreich:

Paris ist grüner, als man vielleicht denkt, und hat unzählige kleine und große Parks zu bieten.

Mein Lieblingspark ist der Jardin de Luxembourg. Dort gibt es eine kleine Ecke, in der Boule gespielt wird, und auch ich gehöre zu denen, die dort spielen. In einer anderen Ecke sitzen die älteren Herren und spielen Schach. Und einen Tennisplatz gibt es ebenfalls.

Man trifft auch viele Franzosen, die einfach nur auf einem der typischen grünen Stahlstühle sitzen, lesen und es sich gutgehen lassen.

Was sich in den Pariser Parks bei halbwegs gutem Wetter immer beobachten lässt, sind Menschen beim Picknick. Das ist hier eine Art Volkssport. Wobei das Grillen, anders als in Deutschland, nicht zum Picknick zählt. In Frankreich wird eine Decke aufgeschlagen, die Flasche Rotwein aus dem Korb geholt und ein Stück Käse dazu gegessen.

Polen:

In den Waschenki Park in Warschau gehen alle gerne. Er ist wirklich traumhaft schön und wird bis tief in die Nacht bevölkert. Picknick allerdings ist in den Parks nicht angesagt. Auch gibt es hier eine weitere Besonderheit: Sämtliche Wege sind geteert. Die Polen sind ja ein unglaublich sportliches Volk. Die Parks sind voller Jogger, Fahrradfahrer und Skater. Jede freie Minute wird genutzt, um sich zu trimmen.

USA:

Wir wohnen in Georgetown, einem Viertel im Nordwesten von Washington. Dort haben wir zum Glück gleich zwei Parks in Reichweite, und in einem davon – dem Rockcreek Park – leben sogar Rehe.

Die Parks hier sind sehr gepflegt. Sowieso gehen die Washingtoner und die Amerikaner allgemein mit öffentlichem Eigentum pfleglicher um als die Deutschen. Vandalismus gibt es hier so gut wie gar nicht. Es kostet auch richtig Geld, wenn man dabei erwischt wird. Man kann dafür sogar im Gefängnis landen.

Alexander Göbel, Rabat
Markus Rimmele, Shanghai
Ursula Welter, Paris
Sabine Adler, Warschau
Marcus Pindur, Washington

SONNTAG

Moskau +++ Mexiko-Stadt +++ Tel Aviv +++ Peking +++
Los Angeles +++ Rabat

Russland:

Der Sonntag in Moskau ist eine Wohltat, weil es sehr viel leiser ist als sonst. Allein das sich Fortbewegen macht viel mehr Spaß am Sonntag. Man kommt voran, man kann zu Fuß gehen, ohne sich dabei anzuschreien, und man kann sogar mit dem Auto fahren, ohne ständig im Stau festzustecken.

Da die Russen ein äußerst kulturbeflissenes Volk sind, trifft man in der Stadt an diesem Tag vorzugsweise alte Damen mit ihren Enkeln, die Museen oder Konzerte besuchen. Insgesamt herrscht am Sonntag in Moskau eine wirklich schöne Stimmung.

Mexiko:

In Mexiko-Stadt ist es an Sonntagen auffällig leer, außerdem viel ruhiger, viel friedlicher und viel entspannter.

Viele Mexikaner besuchen am Sonntag gern die Museen. Doch zuallererst geht man natürlich in die Kirche. Wobei mir aufgefallen ist, dass die Leute in der Stadt weniger religiös sind als auf dem Land. An manchen Sonntagen allerdings habe ich hier überall Leute mit ungefähr zwanzig bis dreißig Zentimeter großen Heiligenfiguren herumlaufen sehen.

Israel:

In Tel Aviv ist der Montag das, was in Deutschland der Sonntag ist. Das steht natürlich quer zu meinem Empfinden, hat aber auch seine guten Seiten. Am allerschönsten finde ich es, am Sonntag an den Strand zu gehen, weil er dann so leer ist wie ein deutscher Strand am Montag. Dann stellt sich bei mir ein herr-liches sonntägliches Gefühl der Ruhe ein. Nur am Sabbat – also Freitagabend bis Samstagabend – tummeln sich die Menschen-massen am Strand, weil da alle frei haben.

Ansonsten bemühe ich mich, ein guter Christenmensch zu sein, deshalb fahre ich an manchen Sonntagen aus dem umtrie-bigen Tel Aviv ins fromme Jerusalem und gehe dort in die Kir-che.

China:

Der Sonntag ist in Peking ein ganz normaler Tag, an dem es nicht ruhiger als sonst zugeht. Die Geschäfte haben alle geöff-net, und der Verkehr nimmt auch nicht ab. Eher im Gegenteil, denn die Fahrbeschränkungen, die werktags für Autos gelten, sind sonntags aufgehoben. Sonst ist das Fahren an einem be-stimmten Tag der Woche – je nach Nummernschild – nicht ge-stattet. Sonntags aber dürfen alle Autos auf die Straße, deshalb sind die Staus dann noch schlimmer als unter der Woche.

Ich persönlich muss meinen Sohn am Sonntag meist zum Fußball fahren und mutiere dann zur Soccer Mom, die am Rande eines Fußballplatzes in Peking steht.

So etwas wie den sonntäglichen Kirchgang gibt es in China nicht, die Gesellschaft ist säkular. Aber auch die Idee, dass man sich an einem Tag in der Woche ausruhen sollte, ist den Chinesen fremd. Viele müssen auch am Sonntag arbeiten.

USA:

Am Sonntag lasse ich das Auto in Los Angeles stehen und nehme das Fahrrad. Dabei habe ich festgestellt, dass Los Angeles eine richtige Fahrradhochburg geworden ist.

Am Sonntag telefoniere ich außerdem mit meinen Liebsten in Deutschland. Die rufe ich für gewöhnlich morgens nach dem Aufstehen an und weiß, dass es dort schon Abend ist, weshalb ich die meisten gut erreiche.

Marokko:

Am Sonntag gehe ich an den Strand, trinke einen Orangensaft, gehe vielleicht durch die Medina – die Altstadt – von Rabat und versuche, einfach mal ein bisschen durchzuschnaufen. Das tun die Marokkaner auch.

Da wir uns in einem islamischen Land befinden, ist der Sonntag für viele ein ganz normaler Arbeitstag. Doch die Marokkaner sind geschickt: Nach dem großen Gebet am Freitag in der Moschee essen sie ihren Couscous und läuten mit dem Mittagsschlaf das Wochenende ein. Dann nehmen die meisten auch noch das westliche Wochenende mit und machen Samstag und Sonntag frei.

Gesine Dornblüth, Moskau
Martin Polansky, Mexiko-Stadt
Sebastian Engelbrecht, Tel Aviv
Ruth Kirchner, Peking
Jan Tussing, Los Angeles
Alexander Göbel, Rabat

TANZEN

Warschau +++ Shanghai ++++ Paris +++ Rabat

Polen:
Wenn man in Warschau tanzen geht, kann man wunderbare Erfahrungen machen. Die Polen tanzen immer zusammen. Nicht nur Männer und Frauen, sondern ganze Gruppen. Sehr beliebt ist es außerdem, einander an die Schulter zu fassen und mit einer Polonaise durch den Saal zu ziehen. Man braucht nicht zu befürchten, dass irgendjemand unangenehm wird, wenn er oder sie betrunken ist. Das habe ich hier zumindest noch nie erlebt.

An Silvester hatte ich anfangs ein wenig Bedenken, dass wir als Deutsche unter Polen angemacht werden könnten. Das war aber überhaupt nicht der Fall. Niemand wurde auf irgendeine Weise aufdringlich, es war einfach immer nur nett. Wir mussten allerdings mittanzen.

Eine Polin erzählte mir letztens, dass sie Bauchtanz trainiere und erklärte mir, wie kompliziert dieser Tanz ist, weil da unglaublich viel koordiniert werden muss: Bauch und Kopf und Hals. Die Polen lieben das Tanzen!

China:
Die Chinesen tanzen sehr gerne. Man würde das nicht unbedingt vermuten, gelten sie doch ansonsten als ein nicht gerade überschwängliches Volk. Aber hier wird begeistert in Gruppen auf der Straße getanzt.

Gehen Sie in einen x-beliebigen Park, und Sie werden dort überall Tanzgruppen sehen. Da üben sich dann zum Beispiel dreißig Frauen und Männer im Jazztanz. Zu einer sehr lauten Musik. Eine tanzt vor, und alle anderen tanzen mit. Eine Art

Sport für die älteren Leute. Das zu sehen war eine der größten Überraschungen hier für mich, weil ich die Chinesen bislang ansonsten im Alltag nur zweckdienliche Dinge habe tun sehen, niemals etwas, das einfach nur Spaß bringt.

Es gibt in Shanghai auch eine hippe Club- und Discothekenszene, deren Publikum stark mit Westlern durchmischt ist. Da ist für jeden Musikgeschmack etwas dabei.

Frankreich:

Mir gefällt es sehr gut, dass in Frankreich im öffentlichen Raum getanzt wird. Unter den Arkaden des riesigen Museums für zeitgenössische Kunst treffen sich Männer und Frauen jeder Gestalt – dick, dünn, klein, groß – und tanzen Tango. Die Leute kommen oft dorthin, ohne sich zu verabreden und ohne sich zu kennen. Man weiß um diesen Termin und diese Gelegenheit und kann dort ohne Weiteres auch als Einzelperson hingehen.

Die vielen Tangoschulen in Paris haben feste Zeiten, an denen sie sich auf einem der Plätze der Stadt treffen. Dann wird die Anlage aufgestellt und ein paar Stunden Tango getanzt. Ich liebe es, dabei zuzuschauen. Das sind die Momente, in denen ich schwärmerisch denke: »Ja, genau das ist Paris.«

Marokko:

Tanzen spielt in diesem Land eine besondere Rolle, gerade bei traditionellen Festen wie Hochzeiten oder Geburtstagen. Zu eigentlich jeder marokkanischen Tradition gehört auf irgendeine Weise das Tanzen dazu.

Ich hatte bereits ein paarmal die Ehre, auf Hochzeiten eingeladen zu sein. Dort wird stets Livemusik – ohrenbetäubend laute Livemusik – gespielt. Man tanzt in einer Gruppe, und meistens bildet man Kreise. Das Ganze sieht für mich ein bisschen wie ein griechischer Sirtaki-Tanz aus. Mit orientalischem Einschlag natürlich.

Im Club Jakut hier in Rabat wird Musik aus Benin gespielt,

häufig sogar live. Dort mischt sich das ganze Volk und tanzt zu afrikanischem Sound. Dabei geht es nicht vordergründig um Eheanbahnung. Das ist vielmehr ein sozialer Treffpunkt.

Sabine Adler, Warschau
Markus Rimmele, Shanghai
Ursula Welter, Paris
Alexander Göbel, Rabat

WETTERVORHERSAGE

Los Angeles +++ London +++ Tel Aviv +++
Johannesburg +++ Moskau

USA:

Die Amerikaner lieben Wettervorhersagen. Hier in Kalifornien
ist das Wetter vergleichsweise unspektakulär. Deswegen wird,
sobald auch nur ein Regenschauer ansteht, sofort eine Warnung
herausgegeben. Die kalifornischen Autofahrer sind nämlich bereits mit regennassen Straßen überfordert.

Im mittleren Westen geht es da schon ein wenig härter zu:
Im Winter machen den Bewohnern Schnee und Eis zu schaffen, im Herbst und Frühjahr Tornados und Hurrikane, und im
Sommer haben sie mit Überschwemmungen und Trockenheit zu
kämpfen.

Auf dem Fernsehkanal Weather Channel wird man über diese
und sämtliche andere Wetterphänomene rund um die Uhr infor-
miert.

Dabei schadet es natürlich nicht, wenn man als Meteorolo-
gin schlank, groß und attraktiv ist. Wobei man hinzufügen muss,
dass nicht nur wunderschöne Frauen das Wetter ansagen, sondern auch ältere Herren, die mit adretten Anzügen und einer
Menge Erfahrung punkten können.

Großbritannien:

Die Wettervorhersage in Großbritannien ist für die Bewohner
enorm wichtig, schon deswegen, weil sich das Wetter hier so
schnell ändern kann. Obwohl die Insel quasi dauerhaft im Wind
liegt, sind die Vorhersagen erstaunlicherweise meist ziemlich
genau.

Unvergessen ist allerdings die ein oder andere historische Fehlprognose. Am 15. Oktober 1987 zum Beispiel hat der BBC Wetterfrosch Michael Fish die Menschen beruhigt: »Machen Sie sich keine Sorgen, wir haben zwar einen Anruf bekommen, es sei ein Hurrikan unterwegs. Das ist aber nicht der Fall.« Wenige Stunden später tobte dann das schlimmste Unwetter seit fast 400 Jahren auf der Insel.

Israel:

Die Wettervorhersage in Israel ist im Grunde unwichtig, denn das Wetter am nächsten Tag wird sowieso genauso wie am Tag zuvor: sonnig, warm und trocken.

Mir tun die Wetteransager im Fernsehen regelrecht leid. Sie präsentieren eine schicke animierte Karte, auf der man vom südlichen Roten Meer in das Zentrum von Israel fliegt und dabei die jeweiligen Temperaturen sieht. Die sind allerdings fast genau gleich. Andererseits haben diese Leute einen ziemlich sicheren Job, weil sie kaum falschliegen können.

Doch wenn der Kamsin weht – der brennheiße Wüstenwind, der auch viel Staub in die Stadt trägt –, fällt den Wetterfröschen eine besondere Aufgabe zu. Sie sprechen dann mehrmals die folgende Warnung aus: »Leute, vergesst nicht zu trinken. Ihr werdet morgen schwitzen wie verrückt, aber ihr werdet es nicht merken, weil es derart trocken ist.«

Südafrika:

Die Wettervorhersage spielt hier eine große Rolle. Für ein Volk wie die Südafrikaner, die sich sehr gerne im Freien aufhalten, ist es wichtig zu wissen, ob es warm, sonnig oder regnerisch wird.

Ich nutze vor allem Smartphone-Apps in Johannesburg. Die Standard-App ist meiner Meinung nach immer zu negativ, was die Vorhersage angeht. Deshalb habe ich mir für 2 € eine gekauft, die deutlich besseres Wetter anzeigt.

Russland:

Für die Moskauer ist die Wettervorhersage am Morgen ziemlich wichtig, weil sich die Witterung hier sehr schnell ändern kann. Mitunter ist es bitterkalt und kurz darauf schon wieder enorm heiß. Außerdem können die Regenschauer in Moskau quasi aus dem Nichts zu Wolkenbrüchen werden.

Ich persönlich informiere mich schnell im Internet über das Wetter. Auch wenn ich dort meist drei unterschiedliche Antworten erhalte und wenig schlauer bin als vorher.

Wettervorhersagen im Fernsehen anzuschauen ist übrigens ein großer Spaß. Wie oft steht dann auf der Landeswetterkarte: »Wladiwostok zwölf Grad minus, Moskau dreißig Grad plus.« Oder es gibt Berichte von Schneekatastrophen im August und anderen Extremen.

Nicole Markwald, Los Angeles
Jochen Spengler, London
Christian Wagner, Tel Aviv
Jan-Philippe Schlüter, Johannesburg
Gesine Dornblüth, Moskau

WINTER

Kairo +++ Moskau +++ Tokio +++ Stockholm +++
Neu-Delhi

Ägypten:
Der Winter in Kairo ist grausam. Die Tiefsttemperaturen in Dezember, Januar und Februar liegen bei acht bis zehn Grad in der Nacht – und es gibt keine vernünftige Heizung in den Häusern! Klimaanlagen, die man aufs Heizen umstellen kann, sind zwar vorhanden, aber sie sorgen nicht wirklich für Wärme. Dazu kommt, dass die Wohnungen hier sehr schlecht isoliert sind und deshalb rasch auskühlen. Wenn man dann bei 15 Grad den ganzen Tag im Büro sitzt, kriecht einem die Kälte tief in die Knochen.

Schnee habe ich in der Stadt zum Glück noch nicht erlebt. Dazu muss man in die Gebirgslandschaften im Sinai fahren.

Richtig hart wird der Winter im ländlichen Ägypten. Dort verfügen die Häuser zum Teil noch nicht einmal über Fenster, und der Fußboden ist nicht zementiert, sondern besteht einfach nur aus festgetretener Erde.

Russland:
Man könnte meinen, der Winter in Moskau ist deshalb so furchtbar, weil er unfassbar kalt ist. Ich jedoch finde ihn so furchtbar, weil er unfassbar dunkel ist.

Eins muss ich allerdings betonen: Winter können die Russen wirklich gut! Es ist ein unvergleichliches Schauspiel, wenn die Straßen hier geräumt werden. Gerne schaue ich vom Fenster aus dabei zu. Zuerst rückt eine Armada von Schneeräumfahrzeugen an und schiebt den Schnee vom Asphalt. Danach wird gestreut.

Diese gigantische Kolonne ist – ich übertreibe nicht – hunderte Meter lang.

Die kältesten Temperaturen, die ich in Moskau erlebt habe, waren minus 38 Grad über mehrere Tage. Wobei ich sagen muss: Ob minus zwanzig Grad oder minus 38 Grad, das macht erstaunlicherweise kaum einen Unterschied.

Das Schönste am Winter ist für mich die Eislaufbahn im Gorki Park. Dort werden die Wege geflutet, und man kann unter Bäumen und Lampions im Park Schlittschuh laufen. Ein wunderschönes Erlebnis.

Japan:

Ich mag den Winter in Tokio sehr, weil er unglaublich trocken ist, und dazu hat man meist einen stahlblauen Himmel. Das ist weitaus angenehmer als die Regenzeit im Juni und Juli.

Letztes Jahr sind in Tokio sage und schreibe fünf Zentimeter Schnee gefallen, was den totalen Zusammenbruch des Verkehrs zur Folge hatte. Die Tokioter sind es einfach nicht gewohnt, auf Schnee zu fahren. Sie traten so stark aufs Gas, dass die Räder durchgedreht sind, fuhren dadurch den Schnee fest, und er wurde zu Eis. Das Chaos zog sich über Tage hin.

Verspürt man als Tokioter den Wunsch, Ski zu fahren, steigt man in den Shinkansen, den Hochgeschwindigkeitszug, ein und ist in nur einer Stunde in einem fantastischen Skigebiet.

Schweden:

In Stockholm hatte ich den allerschönsten Wintertag meines Lebens. An diesem Tag fiel derart viel Schnee, dass der gesamte Verkehr zusammenbrach. Die Ostsee dampfte, weil das Wasser weit wärmer war als die Luft. Und so gab es sogar mitten in der City eine kitschig schöne, weiße Pracht.

Gleich hinter Stockholm kann man mit den Langlaufskiern losfahren und bergauf und bergab einen großartigen Tag verbringen. Das ist wirklich toll.

Fast alle Autos haben kleine Spikes an den Reifen. Die machen damit den ganzen Asphalt kaputt. Im Frühling gibt es immer wieder einen Riesenstreit darüber, ob man diese Dinger verbieten sollte.

Indien:
In Neu-Delhi habe ich bislang noch keinen Schnee gesehen und wüsste auch nicht, wann es hier jemals geschneit hätte. Das ist vermutlich schon lange her.

Trotzdem ist der Winter eiskalt und überhaupt nicht schön. Ich beginne meine Tage im Winter mit zwei, drei Paar Socken, die mich dann oft bis ins Bett begleiten. Teilweise habe ich nachts sogar Wollmützen auf, so eiskalt ist der Winter manchmal. Die Temperaturen gehen runter bis auf zwei Grad über Null.

Hans-Michael Ehl, Kairo
Gesine Dornblüth, Moskau
Peter Kujath, Tokio
Tim Krohn, Stockholm
Sandra Petersmann, Neu-Delhi

WITZE

Nairobi +++ Shanghai +++ Washington +++
Mexiko-Stadt +++ Rom

Kenia:
Die Kenianer lachen generell sehr gerne, auch über sich selbst.
Es geht oft um bestimmte Eigenschaften, die den unterschiedlichen Volksgruppen zugesprochen werden, ähnlich den Ost-
friesenwitzen in Deutschland. So heißt es in Kenia zum Beispiel,
dass die Kikuyu besonders auf Geld aus sind und dass die Luo
nichts anderes als Frauen im Kopf haben. Um genau diese Eigenschaften drehen sich dann viele Witze.

Ein typischer Witz lautet in etwa folgendermaßen: Wie stellt
man fest, ob ein Kikuyu auf dem Totenbett wirklich sterben
wird? Man wirft eine Münze auf den Boden, und wenn er den
Kopf nicht mehr hebt, ist er so gut wie tot.

Ironie – wenn man also das Gegenteil von dem sagt, was
man meint – wird hier hingegen nicht verstanden. Als ich zum
Beispiel in Nairobi einmal im Taxi unterwegs war und um Leib
und Leben bangen musste, weil der Fahrer so gerast ist, meinte
ich: »Können wir vielleicht noch ein bisschen schneller fahren?« Ja, daraufhin hat er doch tatsächlich noch einen Zahn
zugelegt.

China:
Man könnte meinen, dass die Chinesen ein ziemlich ernstes
Volk sind. Doch dem ist nicht so. Die Chinesen lieben Witze.
Vor allem die Nordchinesen. Nur die Südchinesen sind meiner
Erfahrung nach eher ernst und strebsam.

Politische Witze kann man in China schon machen, nur darf

man dabei niemals das System in Frage stellen – schon gar nicht in einem öffentlichen Rahmen.

Sehr beliebt im Reich der Mitte ist das humoristische Genre Xiangsheng, ein witziger Dialog zwischen zwei Komödianten, die hauptsächlich mit Wortspielen und Anspielungen arbeiten. Das hat eine jahrhundertelange Tradition. Die Dialoge gibt es auch auf Kassette zu kaufen und werden sehr gerne im Auto angehört.

USA:

In den USA gibt es eine blühende Comedy-Kultur, unter anderem auch viele TV-Serien mit Witz und Esprit, die bekanntlich wahre Exportschlager sind.

Immer mehr Witze beziehen sich auf die grassierende Übergewichtigkeit in den USA. Hier ein hübsches Beispiel: Warum nehmen verheiratete Frauen in den USA zu? Alleinstehende Frauen kommen nach Hause, schauen in den Kühlschrank und gehen zu Bett. Verheiratete Frauen kommen nach Hause, schauen ins Bett und gehen zum Kühlschrank.

Mexiko

Die Mexikaner lachen sehr gerne über Zweideutigkeiten und Doppeldeutigkeiten, oft auch anzüglicher Natur. Über Witze, in denen Brot – rein sprachlich – mit gewissen Geschlechtsorganen oder Ähnlichem verglichen wird.

Clowns sind ebenfalls unglaublich beliebt. Ich weiß ehrlich gesagt bis heute nicht, warum. Quasi an jeder Straßenecke stehen in Mexiko Clowns herum, gerade an Sonntagen. Hunderte Passanten schauen dabei zu, wie sich die Clowns über Vorbeigehende lustig machen. Da wird schallend gelacht. Ich habe sowieso den Eindruck, dass hier schnell und laut gelacht wird. Nur politische Witze stehen nicht besonders hoch im Kurs.

Ein Thema, das ständig für Witze herhalten muss, sind die Gringos, also US-Amerikaner. Das kann schon bösartige Züge annehmen, weil die Amis hier nicht sonderlich beliebt sind. Europäer bleiben davon zum Glück weitgehend verschont.

Italien:

Silvio Berlusconi ist der größte Witzbold der Nation, finden viele Italiener. Völlig daneben war etwa sein legendärer Witz, nachdem er Barack Obama zum ersten Mal getroffen hat: »Obama ist jung, er sieht gut aus, und er ist hervorragend gebräunt.«

Berlusconi pflegt seine Witzkultur bis heute. Zum Beispiel hat er jungen Frauen, die gegen die grassierende Arbeitslosigkeit protestiert haben, den folgenden Rat gegeben: »Heiratet einfach einen Berlusconi-Sohn, das wäre doch eine gute Lösung.«

Manch einem Italiener ist inzwischen nicht mehr so recht zum Lachen zumute, wenn es um den ehemaligen Premier geht.

Antje Diekhans, Nairobi
Markus Rimmele, Shanghai
Marcus Pindur, Washington
Martin Polansky, Mexiko-Stadt
Jan-Christoph Kitzler, Rom

WEIHNACHTEN

Johannesburg +++ Moskau +++ Tel Aviv +++
Los Angeles +++ London

Südafrika:
An Weihnachten herrscht in Kapstadt Hochsommer. Also bin
ich am 24. Dezember morgens erst einmal eine Runde gesurft.

Letztes Jahr haben wir bei einheimischen Freunden in der
Nähe der Hauptstadt gefeiert. Da wurde dann nachmittags groß
aufgetischt. Es gab gefüllten Truthahn und dazu jede Menge
Wein. Danach sind wir, wie hier üblich, in den Pool gegangen
und haben uns entspannt. Ich muss sagen, für mich ist das eine
sehr schöne Art, das Weihnachtsfest zu feiern.

Ebenso ungewöhnlich für uns Europäer ist die Tatsache, dass
insbesondere die Spirituosenläden im Vorfeld der besinnlichen
Tage Werbung machen, damit man ihren teuren Whiskey als
Geschenk kauft.

Wer sich vielleicht am allermeisten auf die *Festive Season* freut,
sind die Schüler – nicht nur wegen der Geschenke, sondern weil
dann die Sommerferien beginnen.

Russland:
Der 24. Dezember bedeutet den Russen nichts. Ich selbst feiere
an diesem Tag trotzdem Weihnachten, obwohl es schon befremdlich ist, wenn sonst niemand feiert und das Leben um einen herum seinen gewohnt hektischen Gang nimmt.

Einkehr und Stille zelebriert man in Russland zu Neujahr.
Da ist wirklich niemand auf der Straße. Es wird wie bei uns in
Deutschland an Heiligabend gefeiert: mit viel – zu viel – gutem
Essen, festlichen Getränken, Geschenken und gemütlichem Bei-

sammensitzen der Familien. Auch der Weihnachtsbaum ist hier ein Neujahrsbaum, er wird am 31.12. aufgestellt.

Weiterer Unterschied: In Russland werden die Geschenke nicht vom Christkind oder vom Nikolaus gebracht, sondern von Väterchen Frost (Ded Moroz) und seiner Enkelin Schneeflöckchen (Snegurotschka). Beide tauchen bereits in den Wochen vor den Feierlichkeiten überall im Stadtbild auf. Damit gleicht sich Russland den weltweiten Traditionen an.

Israel:

Im jüdischen Staat Israel spielt das christliche Weihnachten keine Rolle. Ganz am Anfang meines Aufenthalts habe ich mich schon gefreut, dass Weihnachtsbeleuchtung an die Straßenlaternen gehängt wird – und musste dann feststellen, dass es in Wahrheit Chanukka-Leuchter waren, die natürlich rein gar nichts mit Weihnachten zu tun hatten.

Trotzdem feiere ich mit meiner Familie das Fest, und es wurde sogar richtig weihnachtlich, als wir uns einmal einen Baum nach Hause holten und ihn schön schmückten. Das war eine große Attraktion für unsere Nachbarn, die extra vorbeikamen, um ihn anzuschauen.

Tel Aviv hat nichts Weihnachtliches zu bieten, Bethlehem dafür umso mehr. Dort begehen die palästinensischen Christen das Weihnachtsfest, und Massen von Pilgern und Touristen strömen speziell für dieses Fest dorthin. Zwanzig Grad und strahlend blauer Himmel sind dann für die meisten eher enttäuschend, weil gar nicht richtig weihnachtlich. Auffallend an diesen Tagen sind auch die lauten Spielmannszüge, die um einen Baum herumziehen, der eigentlich eine große grüne Pyramide ist.

USA:

Weihnachten in den USA lässt sich mit einem einzigen Wort beschreiben: extravagant. Nein, es gibt noch ein zweites: üppig. Die Weihnachtsbäume werden schon extrem früh aufgestellt, und die Amerikaner lieben bombastische Weihnachtsdekorationen in den Vorgärten. Es blinkt und leuchtet den ganzen Dezember hindurch. In vielen Straßen finden richtige Wettkämpfe zwischen den Nachbarn statt, wer sein Haus am schönsten dekoriert.

Am 25. Dezember geht es dann früh am Morgen los. An den Kaminsimsen, die in amerikanischen Wohnzimmern durchaus üblich sind, hängen große dicke Socken. In ihnen stecken Süßigkeiten und Geschenke – und geschenkt wird, was das Zeug hält. In meinen Augen ist das eine wahre Geschenkeschlacht, und alles in allem stimmt das Klischee: Weihnachten in den USA ist das Konsumfest par excellence.

Großbritannien:
Alles in allem ist Weihnachten in Großbritannien nicht ganz so besinnlich und steif wie in Deutschland. Es geht hier viel lustiger zu. Überall finden Weihnachtspartys statt – mit Tanz, Disco und literweise Alkohol. Auf die Bescherung muss man wie in den USA bis am Morgen des 1. Weihnachtstages warten.

Die Tradition des Tannenbaums ist übrigens von Deutschland übernommen worden. Prinz Albert, der Ehemann von Königin Victoria, hat den Weihnachtsbaum 1840 nach London gebracht, und was bei den Royals als schick galt, wurde dann auch vom Volk übernommen.

Jan-Philippe Schlüter, Johannesburg
Gesine Dornblüth, Moskau
Christian Wagner, Tel Aviv
Nicole Markwald, Los Angeles
Jochen Spengler, London

LEIDEN

ALKOHOL

Nairobi +++ Peking +++ Mexiko-Stadt +++ Warschau +++
Washington

Kenia:
Alkohol spielt in Kenia durchaus eine große Rolle.

Es gibt hier beispielweise das Teufelszeug »Chang'aa«, ein
Hirseschnaps mit siebzig Prozent Alkoholgehalt und mehr,
der in den Slums gebrannt wird. Aus Hirse, Mais, Zucker und
schmutzigem Wasser, das aus den Flüssen geholt wird. Oft entsteht bei der Herstellung auch Methanol. Das macht das Ge-
misch noch gefährlicher, als es ohnehin schon ist. Man hört
immer wieder, dass hier in Kenia viele Menschen nach dem
Konsum von Chang'aa erblinden oder manchmal sogar sterben.
Für mich selbst ist dieser Schnaps schon allein deshalb nichts,
weil mein Magen sofort rebellieren würde.

Alkohol ist in Kenia auch ein Statussymbol. Wenn man hier
abends in eine Bar geht, sieht man oft Männer, die nicht nur ein
Bier bestellen, sondern gleich fünf auf einmal. Sie stellen die Biere
dann in einer Reihe auf den Tisch vor sich, nur um zu zeigen: »Ich
kann mir nicht nur ein Bier leisten, ich kann mir fünf Bier leisten.« Das Trinken wird dann eher weniger Spaß machen, denn sobald man die erste Flasche getrunken hat, ist die zweite längst lau-
warm. Doch das nimmt man anscheinend gerne in Kauf.

China:
Alkohol begegnet einem ständig in China. Die Trinkerei hat
hier eine wichtige soziale Funktion. Und ohne Alkohol gäbe es
wahrscheinlich kaum Joint Ventures zwischen chinesischen und
ausländischen Unternehmen.

Eine große Rolle spielen dabei bestimmte Trinkrituale, an denen man nur schwer vorbeikommt. Wenn ich zu Recherchen aufs Land fahre, kann es gut passieren, dass mich der dortige Parteisekretär zu einem gemeinsamen Essen einlädt. Wobei das Essen dabei definitiv das Unwichtigste ist. Vielmehr geht es darum, sich gegenseitig betrunken zu machen. Unter Einhaltung der Hierarchien. Das bedeutet: Prostet der Parteisekretär als höchstrangiges Mitglied der Runde einem zu, bleibt einem nichts anderes übrig, als mitzutrinken. Anschließend muss man nach Ablauf einer bestimmten Zeit den Toast entweder erwidern, oder man geht um den Tisch herum und trinkt mit jedem Einzelnen. Das führt natürlich dazu, dass Unmengen von Alkohol konsumiert werden.

Einmal habe ich tatsächlich gewagt zu sagen: »Leute, ich kann das nicht, ich will keinen Alkohol trinken.« Meine chinesische Mitarbeiterin ist mir dann schnell zur Seite gesprungen und hat entschuldigend erklärt, dass diese Deutsche nun mal etwas komisch sei und wirklich keinen Alkohol vertrage. Für die Chinesen war das kaum verständlich. Wir haben uns letzten Endes auf Bier geeinigt. Doch auch da wird ständig nachgeschenkt, sodass man rasch die Kontrolle darüber verliert, wie viel man eigentlich getrunken hat.

Ich empfinde diese ständige Trinkerei als ein echtes Problem.

Mexiko:
In Mexiko wird kaum weniger getrunken als in Deutschland. In Mexiko darf man Alkohol jedoch nicht auf der Straße trinken. Mit einer Bierbüchse durch die Gegend zu laufen ist verboten.

Die Mexikaner trinken gerne, bis sie richtig voll sind, und dann wird auch gerne rumgegrölt. Um gleich die Klischeefrage zu beantworten: Ja, man trinkt hier Tequila – allerdings keineswegs ständig, wie man sich das vielleicht in Deutschland vorstellt. Man trinkt hier vor allem Bier.

Interessanterweise gibt es in Mexiko einige Wochenenden,

an denen kein Alkohol getrunken werden soll. Diese Wochenenden heißen dann auch passend »trockene Wochenenden«. Vor den Wahlen beispielsweise ist es in weiten Teilen Lateinamerikas üblich, dass kein Alkohol verkauft wird. Die Leute sollen nämlich voll konzentriert und nüchtern an die Wahlurne schreiten und an der richtigen Stelle ihr Kreuz machen.

Natürlich sind die Mexikaner schlau genug und decken sich vorher ein. Dann ist der Kühlschrank zu Hause voll.

Polen:

Alkohol ist in Warschau sehr präsent, und das ist nicht nur angenehm. Nehmen wir die unglaublichen Gewaltausbrüche vor und nach öffentlichen Fußballspielen. Dabei spielt Alkohol eine zentrale Rolle. Vor allem für ganz junge Leute stellt das ein großes Problem dar, weil sie schon früh mit Alkohol konfrontiert werden.

Zwar gilt in Polen ähnlich wie in den USA ein generelles Alkoholverbot in der Öffentlichkeit, und deshalb sieht man in Warschau niemanden mit Bier oder Schnaps umherlaufen. Doch das Trinken findet dann einfach an nicht sichtbaren Orten statt. Es ist erschreckend zu beobachten, wie sich die Leute hier mit Alkohol eindecken. Wenn man um sechs Uhr früh die Zeitung in dem kleinen Lädchen an der Ecke kauft, sieht man vor und nach sich in der Schlange Männer – egal welchen Alters und egal welcher Herkunft –, die sich gerade ihren morgendlichen Flachmann holen. 200 Milliliter für die Innentasche. Und der eine oder andere trägt schon zu dieser Stunde eine Fahne vor sich her.

USA:

Ich treffe mich öfter mit größeren Gruppen von Amerikanern und erlebe dabei Folgendes: Am Anfang ist das Geräuschniveau völlig normal. Sobald aber ein paar Bierchen konsumiert sind, wird es lauter. Dann fängt einer lauter zu sprechen an, und die anderen müssen nachziehen, weil man sich sonst nicht mehr versteht. Das wird dann rasch sehr anstrengend.

Im 18. Jahrhundert betrug die normale Tagesration eines durchschnittlichen Mannes angeblich unfassbare neun Gläser Rum. Während der Prohibition wurde natürlich weiterhin getrunken, es musste dann eben nur illegal organisiert werden. Und so begann der Aufstieg der amerikanischen Mafia.

Antje Diekhans, Nairobi
Ruth Kirchner, Peking
Martin Polansky, Mexiko-Stadt
Sabine Adler, Warschau
Marcus Pindur, Washington

ATEMLUFT

Moskau +++ Neu-Delhi +++ Shanghai +++ Warschau +++ London

Russland:

Atemluft ist mein Lieblingsthema – Atemluft ist in Moskau eines der größten Probleme schlechthin. Neulich bin ich mit dem Zug nach Sankt Petersburg gefahren, und neben mir saß ein Geschäftsmann. Ich sagte zu ihm: »Sankt Petersburg ist eine tolle Stadt, und vor allem ist die Luft dort besser als in Moskau.« Er schaute mich an und meinte: »Ach, in Moskau gibt es Luft!?«

Des Öfteren sehe ich auch Leute mit Atemschutzmasken durch Moskau laufen. Ich persönlich trage die nicht, weil man darunter zu wenig Luft bekommt und schrecklich schwitzt.

Damit Sie eine Vorstellung davon bekommen, wie schlecht die Luft in Moskau ist: Wenn der Wind hier mal ein bisschen stärker weht, befindet sich auf meinem Fensterbrett bald eine millimeterdicke schwarze, ölige Schmierschicht – und die kommt nicht von drinnen.

Die einzige Rettung für die Bewohner sind die großen Parkanlagen. Einige davon sind richtige Wälder und völlig unberührt. Dort kann man dann durchatmen und in aller Ruhe Sauerstoff tanken.

Indien:

Hier in Neu-Delhi ist die Luft in den Wintermonaten wabblig und beinahe gelb. Den Smog hier kann man sehen und riechen. Man atmet ihn ein. Im Winter verbrennen die Inder alles, was nicht niet- und nagelfest ist, um ein bisschen Wärme zu bekommen. Ob das nun Plastik ist oder Elektroteile, völlig egal. Ich gehe eigentlich sehr gerne joggen, aber wenn die Luft so schlecht ist, dass es richtig kratzt im Hals, dann lasse ich das besser bleiben.

Viele Leute sind deshalb mit Mundschutz unterwegs, und auch Luftfilter und Luftbefeuchter für die Wohnung werden zunehmend gekauft.

Autoverkehr spielt bei der Entstehung von Smog natürlich ebenfalls eine große Rolle. Immer mehr Inder können es sich leisten, Auto zu fahren und benutzen es auch für die kürzesten Strecken, weil es ein Statussymbol ist. Hinzu kommt natürlich die Industrialisierung. Umweltbestimmungen, wie wir sie aus Deutschland kennen, gibt es hier nicht. In diesem Punkt hat Indien noch einen langen Weg vor sich.

China:
Wie in fast allen chinesischen Städten herrschen auch hier in Shanghai katastrophale Luftverhältnisse. Die Feinstaubwerte liegen oftmals um ein Zehnfaches über dem, was die Weltgesundheitsorganisation als Maximalwert empfiehlt. Viele Leute sind deshalb aus der Stadt gezogen, weil ihre Kinder ständig am Husten waren. Auch ich spüre manchmal, wie mein Hals kratzt, wenn ich mit dem Fahrrad unterwegs bin.

Luftfilter sind hier dringend notwendig. Man muss diese Luftreinigungsgeräte rund um die Uhr laufen lassen. Vor allem nachts, während man schläft.

Jeder in Shanghai besitzt eine App auf seinem Smartphone, um die Luftwerte im Blick zu haben. Sich diese Werte regelmäßig anzuschauen, gehört hier genauso zum Alltag, wie sich in Deutschland den Wetterbericht anzusehen.

Polen:
Ich finde die Luft in Warschau im Sommer entsetzlich heiß, stickig und trocken. An sich ist die Qualität der Luft aber in Ordnung. Außerdem kommt man relativ schnell aus der Stadt raus in

Richtung Masuren. Dort gibt es die feinsten Landschaften, um den Tag an einem Fluss oder an einem See zu genießen. Mit bester Luft.

Großbritannien:

Die Luft hier in London ist nicht mehr vergleichbar mit der des letzten Jahrhunderts, mit Nebel, Dunst und reichlich Smog, wie wir es aus Edgar-Wallace-Filmen kennen. Viele Fabriken sind geschlossen worden, und Kohleöfen gibt es auch keine mehr.

Am schlimmsten ist die Luft in der U-Bahn im Sommer, wenn es richtig heiß ist. Dann herrschen da unten vierzig Grad und mehr. Es existieren bereits Studien, denen zufolge zwanzig Minuten in der Londoner U-Bahn einer Zigarette entsprechen.

Gesine Dornblüth, Moskau
Sandra Petersmann, Neu-Delhi
Markus Rimmele, Shanghai
Sabine Adler, Warschau
Jochen Spengler, London

BLECHSCHADEN

Peking +++ Istanbul +++ Buenos Aires +++ Tel Aviv +++
Amman

China:
Da auf den Pekinger Straßen täglich über fünf Millionen Autos
unterwegs sind, kommt es natürlich ständig zu irgendwelchen
kleineren Unfällen, hauptsächlich Blechschäden.

Selbst bei dem kleinsten Schaden, bei dem noch nicht einmal eine Schramme zu sehen ist, fahren beide Parteien an den
Straßenrand und beginnen langwierige Verhandlungen darüber,
wer Schuld hat. Dadurch werden enorme Verkehrsstaus ausge-
löst. Wird die Polizei gerufen, dauert es nur noch länger, weil
die Autos bis zum Eintreffen nicht bewegt werden dürfen. Anschließend erfolgt eine Schadensaufnahme, die ausgesprochen
aufwendig sein kann.

Wir selbst hatten auch schon einen Unfall mit einem Blechschaden. Da wir Ausländer sind, musste die Polizei eingeschal-
tet werden. Wenn man dann zufällig seinen Pass nicht dabei
hat, wird man von der Polizei nach Hause gefahren, um ihn zu
holen. Dann wird das Prozedere noch mühsamer. Wir hatten
Glück, wir hatten die Pässe dabei.

Türkei:
Der Verkehr in Istanbul ist absolut chaotisch – und trotzdem
haben die meisten Autos hier keine einzige Schramme und
keine einzige Beule. Wie schaffen das die Einheimischen? Die
Antwort ist einfach: Den türkischen Männern ist ihr Auto heilig. Jede Schramme wird sofort ausgebessert. In einer der zahllosen Werkstätten, die darauf spezialisiert sind. Solche Betriebe

gibt es quasi an jeder Straßenecke, inklusive 24-Stunden-Service.

Ich hatte vor einiger Zeit beim Ausparken einen Blechschaden. Die Gehwegkante war so hoch, dass ich beim Runterfahren mit der Mitte des Wagens aufsetzte. Davongetragen habe ich eine etwa zwanzig Zentimeter lange Schramme, und ich habe sie noch immer. Ich gehöre zu dieser Minderheit von Menschen, die in Istanbul ein Auto mit Schramme fährt.

Argentinien:
Die Argentinier nehmen auf ihre Autos sehr wenig Rücksicht. Mir kam in Buenos Aires noch nie ein Auto zu Gesicht, das aussah wie neu. Sogar von der Autovermietung habe ich noch keinen neuwertigen Wagen bekommen, die meisten hatten Beulen und Kratzer. Das läuft hier völlig anders als in Deutschland, wo das Auto bei der Vermietung ganz genau angeguckt wird, ob da irgendwo ein Kratzer ist. Hier gibt man das Auto einfach bei der Vermietung zurück, und die Sache ist noch in derselben Sekunde erledigt.

Ich habe in Buenos Aires schon häufiger erlebt, wie sich auf mehrspurigen Straßen die Autos während der Fahrt berühren. Es hält dann allerdings keiner an. Meistens wird nur das Fenster heruntergekurbelt und der andere Autofahrer beleidigt. Das war's.

Israel:
Die Autos in Israel sehen größtenteils ziemlich verbeult aus – was bedeutet, dass kleine Rumser hier keine Seltenheit sind.

Auf fachgerechte Reparaturen wird hier keinen Wert gelegt. Man sieht zum Beispiel sehr häufig, dass die Frontschürze einfach nur mit Klebeband festgehalten wird. Mehr schlecht als recht. Oft hängen sogar die Scheinwerfer halb heraus. Ein TÜV existiert zwar in Israel, aber der ist nicht besonders streng. Die Leute scheinen ihr Geld lieber für andere Dinge auszugeben.

Jordanien:

Ich hatte in Amman in den letzten sechs Wochen sage und schreibe drei Unfälle. Der erste durch einen Spurwechsel. Eine Frau hatte nicht in den Rückspiegel geschaut, verlor deshalb ihre vordere Stoßstange. Mein Auto hatte nur eine leichte Lackschramme.

Der zweite Unfall in Jordanien war ein Auffahrunfall. Ich stand an der roten Ampel, als es hinten krachte. Auch hier ging es bei mir mit einem Lackschaden ab. Wir konnten uns innerhalb einer Ampelphase einigen.

Beim dritten Unfall kam mir unerwartet jemand auf einer engen Straße entgegen. Ich konnte stoppen, er nicht. Er ist mir dann vorne reingefahren. Der Clou: Die Straße ist eine Einbahnstraße, und das kümmert nur herzlich wenige Menschen. Während der halben Stunde, in der die Polizei den Unfall aufnahm, fuhren noch weitere zehn Autos in falscher Richtung an uns vorbei, ohne dass die Polizisten irgendetwas unternommen hätten.

Ruth Kirchner, Peking
Thomas Bormann, Istanbul
Julio Segador, Buenos Aires
Christian Wagner, Tel Aviv
Ulrich Leithold, Amman

BUSFAHREN

Los Angeles +++ Nairobi +++ Mexiko-Stadt +++
Peking +++ Moskau

USA:

Ich persönlich bin in L.A. noch nie mit dem Bus gefahren.

Als ich Besuch von einer Freundin hatte, wollte sie wissen, wie sie mit dem Bus nach Santa Monica und nach Westwood und Hollywood käme. Und ich musste feststellen, dass es in Los Angeles noch nicht einmal eine Karte mit den unterschiedlichen Busstrecken gibt, geschweige denn einen Busfahrplan.

In dem Zusammenhang erinnere ich mich an eine witzige Geschichte. Ein Volontär, der bei uns arbeitete, sollte zu einem Interviewtermin nach Downtown L.A. fahren, um mit einem Polizisten zu sprechen. Als er den Termin machte, fragte der Cop, welche Straße der junge Mann denn mit dem Wagen herunterkäme. Unser Volontär erwiderte, dass er den Bus nähme. Man hörte förmlich, wie der Gesprächspartner daraufhin erstarrte und ungläubig noch einmal nachfragte.

Mit dem Bus zu einem Termin zu fahren, macht also einen extrem schlechten Eindruck. Wer Bus fährt, der hat in L.A. verloren. Ich habe ihn schließlich mit meinem Auto zu seinem Termin gefahren.

Kenia:

In Kenia gibt es etwas Busähnliches, genannt *Matatu*. Das sind Sammeltaxis, das wichtigste Transportmittel des öffentlichen Nahverkehrs. Ich traue mich aber meistens nicht hinein. Die fahren, als wäre der Teufel hinter ihnen her. Wenn zum Beispiel auf der einen Seite des Highways Stau ist, wechseln sie einfach gnadenlos die Straßenseite. Gäbe es in Nairobi Geisterfahrer-Durchsagen im Radio, dann liefe dort nichts anderes mehr.

Man muss auch damit rechnen, dass außer Passagieren alles mögliche Viehzeug in die Matatus mit einsteigt. Noch mehr Sorgen macht mir das allerdings immer, wenn ich im Auto hinter solch einem Bus herfahre. Erst dann sieht man das gesamte Ausmaß. Hühner zum Beispiel werden meist oben auf dem Dach lebendig festgebunden und müssen ertragen, wie ihre Federn im Fahrtwind auf- und abgeplustert werden. Das ist kein schöner Anblick.

Mexiko:
Busfahren in Mexiko-Stadt ist der reinste Horror. Das muss man wirklich so feststellen. Morgens kommt man manchmal gar nicht erst in den Bus rein. Die Mexikaner haben leider die Angewohnheit, die anderen Passagiere nicht erst aussteigen zu lassen, um dann selbst einzusteigen. Die Türen sind nur sehr kurz geöffnet – ungefähr 15 Sekunden lang –, und in dieser Zeit versuchen sich gleichzeitig alle raus- und reinzudrängeln. Wer das nicht schafft, hat eben Pech gehabt. Und wenn man es geschafft hat, kleben normalerweise fünf bis sechs Leute direkt an einem dran.

Ich habe mir jetzt angewöhnt, das erste Stück mit dem Taxi zu fahren. So lange, bis der erste große Stau ansteht, dann leert sich der Bus komischerweise ein bisschen, und ich steige vom Taxi in den Bus um. Denn dann steht das Taxi im Stau, und der Bus kommt voran, weil der auf einer eigenen kleinen Spur fährt. Die Busse haben hier sogar kleine Bahnhöfe, die vom Rest der Straße abgeteilt sind.

Eine Busfahrt kostet fünf Pesos. Das sind umgerechnet gerade mal zwanzig bis dreißig Cent.

China:
Die Busse in Peking sind wahnsinnig voll. Das kann man sich gar nicht vorstellen, wenn man es nicht erlebt hat. Die Passagiere

werden in den Bus hineingeschoben, bis wirklich gar nichts mehr geht. Das muss man erst einmal aushalten.

Da ich überhaupt nicht asiatisch aussehe, werde ich oft unverhohlen angestarrt. Dann höre ich um mich herum die Leute sagen: »Guck mal, eine Ausländerin.« Und wenn ich meine Kinder dabei habe, heißt es: »Guck mal, eine Ausländerin mit Kindern.« Das ist schon ein bisschen nervig. Am meisten nervt mich aber, dass die Busse so furchtbar überfüllt sind.

Dafür ist dieses Transportmittel wiederum sehr billig. Eine Busfahrt kostet umgerechnet zwanzig Cent.

Russland:
In Moskau hat niemand auch nur ansatzweise über so etwas wie eine Busspur nachgedacht. Weil hier permanent Stau ist, hat es im Grunde gar keinen Sinn, mit dem Bus zu fahren. Zudem springt in diesen Oberleitungsbussen leider oft der Abnehmer raus. Die Wagen bleiben dann liegen, und niemand kommt mehr vorbei.

Etwas besonderes sind die sogenannten Sammelbusse, in die etwa 16 Leute passen. Das Bezahlen ist immer ein schönes Erlebnis, weil die Leute so unheimlich hilfsbereit sind. Man holt sein Geld raus und reicht es über die Schulter des Vordermanns weiter. Derjenige, der ganz vorne sitzt, rechnet alles zusammen und gibt dann das Wechselgeld zurück, damit der Fahrer nicht abgelenkt wird. Es entsteht also jedes Mal eine Gruppendynamik, und alle rufen durcheinander: »Wie viel kriegst du noch?« Das funktioniert sehr gut. Ich sehe aber immer zu, dass ich nicht vorne sitze, weil ich so schlecht im Kopfrechnen bin.

Jan Tussing, Los Angeles
Antje Diekhans, Nairobi
Martin Polansky, Mexiko-Stadt
Ruth Kirchner, Peking
Gesine Dornblüth, Moskau

DIEBSTAHL

Shanghai +++ Brüssel +++ Prag +++ Zürich +++
Mexiko-Stadt +++ Neu-Delhi

China:

Shanghai ist eine sehr sichere Stadt. Ich würde hier nicht davor zurückschrecken, mit einer großen, teuren Kamera vor dem Bauch durch die Straßen zu laufen. Das hat sicher auch mit der chinesischen Mentalität zu tun. Chinesen – das weiß jeder, der mit ihnen Geschäfte macht – können durchaus Schlitzohren sein. Es wird getrickst, und es wird auch mal gelogen. Aber *klauen* hat wirklich einen ganz, ganz schlechten Ruf. Wer klaut, der ist gesellschaftlich ganz unten angekommen, der gilt als faul. Und das ist das Schlimmste für einen Chinesen.

Belgien:

Man hört regelmäßig, dass Brüssel die gefährlichste Stadt Europas sei. Mir persönlich ist hier aber noch nie etwas passiert.

Als ich irgendwann am Gare du midi – das ist der Brüsseler Südbahnhof – auf dem Bahnsteig stand, sah ich einen Mann, dessen Blick mir komisch vorkam. Und tatsächlich war er gerade dabei, jemand anderem in die Tasche zu greifen. Ich habe laut gerufen, und prompt deutete er pantomimisch einen Kehlenschnitt in meine Richtung an. Einen Augenblick später war er plötzlich weg.

Die schönen großen Villen haben alle eine Alarmleuchte an der Hauswand. Eingebrochen wird wohl häufig. Vor Jahren war es allerdings noch schlimmer, da grassierte in der Region Brüssel das Carjacking im Zusammenhang mit Einbrüchen. Das heißt, während der Einbrüche wurden auch die Autoschlüssel geklaut und anschließend die Autos weggefahren. Dabei gingen die Täter oft sehr brutal vor, wenn Menschen im Haus waren.

Tschechien:

Wenn die Leute vor der astronomischen Uhr in Prag stehen und hochblicken, dann schlagen gerne die äußerst trickreichen Langfinger zu. Auch in der Straßenbahn, und zwar meistens in der Nummer 22. Das ist die berühmte Ausflugslinie, die von der Burg hinab und entlang der Moldau in die Altstadt führt. Und auch in der Altstadt lauern viele Taschendiebe.

Wenn wieder einmal etwas geklaut wurde, haben die Tschechen schnell einen Verdacht: Es müssen die Roma gewesen sein. Sicher ist allerdings nur, dass es sich bei den Dieben – wie in jeder Großstadt – um Menschen handelt, die von außen anreisen.

Viele Einwohner schützen sich vor Einbrüchen nicht nur durch Alarmanlagen, die hier fast jeden Abend loslegen, sondern viele halten sich zum Schutz Hunde. Wir persönlich haben aber noch keinen Hund, wir haben eine Katze.

Schweiz:

In der Schweiz bin ich selbst zwar noch nicht bestohlen worden, aber Diebstahl ist auf jeden Fall ein Thema. Während Bus- und Straßenbahnfahrten werden deshalb von der Zentrale der Züricher Verkehrsbetriebe regelmäßig Warnungen vor Taschendieben durchgegeben. Besonders an den Feiertagen. Dann müssen richtige Banden unterwegs sein, die an belebten Einkaufsstraßen und auch in Zügen zuschlagen. Dabei ist ein neuer Trend zu verzeichnen: Man wartet, bis der Zug abfährt und hastet im letzten Moment los, um eine Tasche zu erbeuten. Einer lenkt ab, indem er wild mit den Händen herumfuchtelt, der andere greift sich die Tasche und springt aus dem Zug.

In Zürich und Umgebung gibt es außerdem sehr reiche Leute in sehr noblen Immobilien, denen man leicht ansieht, dass dort etwas zu holen ist. Sie sind oft Ziel von gewerbsmäßigen Banden.

Mexiko:

In Mexiko-Stadt wurde ich einmal im Metrobus bestohlen. Dort ist es immer so wahnsinnig voll, dass man sardinenbüchsenmäßig beieinandersteht und die ganze Zeit über von mindestens fünf Leuten gleichzeitig berührt wird. Ich hatte dummerweise einmal meinen Geldbeutel hinten in der Hosentasche, und als ich irgendwann ausgestiegen bin, stellte ich fest, dass er fort war.

Indien:

Jeder betuchte Ausländer in Indien – und in Indien sind fast alle Ausländer betucht – leistet sich einen Guard, der Tag und Nacht vor der Villa sitzt. Meist schläft er allerdings, aber man bildet sich trotzdem ein, dass er mitkriegt, wer so durchs Eingangstor schleicht.

In Indien bin ich in vier Jahren kein einziges Mal bestohlen worden – aber auf tausendundeine Art übers Ohr gehauen. Beliebt ist der Betrug von Taxifahrern: Wenn ich morgens mit dem Taxi zur Arbeit fahre, schalten sie den Taxameter zumeist erst gar nicht ein. Wenn ich darum bitte, sagen sie, er sei kaputt oder sie betätigen ein Fußpedal, wodurch das Taxameter schneller läuft. Ich weiß aber genau, was die Fahrt kostet und bezahle auch nur diesen Preis. Sie versuchen es aber trotzdem immer wieder.

Ein Inder beschrieb mir mal den Unterschied zwischen den Geschäftspraktiken der Deutschen und der Inder. Er sagte: »Germans don't sheat.« – Deutsche betrügen nicht. Das hat er nicht als Kompliment gemeint. Es sollte eher heißen: Warum seid ihr Deutschen so blöd und betrügt nicht?

Markus Rimmele, Shanghai
Doris Simon, Brüssel
Stefan Heinlein, Prag
Hans-Jürgen Maurus, Zürich
Martin Polansky, Mexiko-Stadt
Sabina Matthay, Neu-Delhi

FÜHRERSCHEIN

Kairo +++ Peking +++ Tokio +++ Rabat +++
Los Angeles +++ Neu-Delhi

Ägypten:

Man sollte es nicht glauben, aber es gibt in Ägypten tatsächlich den Führerschein. Schaut man sich nämlich das hiesige Verkehrschaos an, könnte man meinen, hier hat niemand jemals eine Prüfung abgelegt. Allein bei dem Gedanken, auf die Straße zu gehen, bekomme ich Schweißausbrüche, erst recht jedoch, wenn ich mit dem Auto fahren muss. Verkehrsregeln beachtet hier im Grunde genommen keiner.

Ich kann in Ägypten mit meinem ganz normalen internationalen Führerschein fahren. Allerdings bin ich extrem vorsichtig. Besonders in den Abend- und Nachtstunden, denn dann gibt es für die Ägypter überhaupt kein Halten mehr. Dann wird noch schneller und rücksichtsloser gefahren als sonst, und manche schalten leider auch das Licht aus, weil sie meinen, auf diese Weise Sprit zu sparen.

China:

Ich muss gestehen, dass ich keinen chinesischen Führerschein besitze, obwohl man die Prüfung hier auf Deutsch ablegen kann. Bei den Multiple-Choice-Fragen, die man am Computer beantworten muss, haben sich allerdings so viele Fehler in die deutsche Übersetzung eingeschlichen, dass man genau diese Fehler mitlernen muss, um die Prüfung zu bestehen. Da wäre beispielsweise die Frage, wie man sich bei einem Straßengefälle zu verhalten hat. Bei den drei möglichen Antworten muss man dann ankreuzen, dass man den Motor abstellen sollte. Das ist natürlich völliger Schwachsinn. Aber genau das muss man wohl oder übel mitlernen.

Es sind auch ziemlich lustige Fragen darunter. Etwa, ob man mit Pantoffeln Auto fahren darf, oder wie man während der Autofahrt korrekt ausspuckt: A) Aus dem Fenster auf die Straße? B) In den Papierabfall seines Autos? Oder C) Auf den Boden des Fahrzeugs? Richtig ist die Antwort B!

Japan:

Der Führerschein ist enorm wichtig in Japan, weil es hier keine Personalausweise gibt. Alle drei Jahre muss man ihn erneuern lassen, und jedes Mal, wenn es wieder so weit ist, hat man erneut Fahrunterricht. Und zwar auch für die Ausländer auf Japanisch! Es ist den Behörden egal, wie viel man davon versteht — oder eben nicht. Zum Glück steht am Ende aber keine Prüfung an. Sobald man den Unterricht absolviert hat, erhält man den erneuerten Führerschein.

Marokko:

Eigentlich müsste ich einen marokkanischen Führerschein machen. Das finde ich persönlich aber problematisch, weil ich nicht den Eindruck habe, dass die Marokkaner mir das Fahren beibringen können.

Sofort weg ist der Führerschein übrigens, wenn man nicht hundert Prozent nüchtern fährt. Schließlich befinden wir uns in einem muslimischen Land, in dem Alkohol ohnehin verpönt ist. Nichtsdestotrotz wird hier ordentlich gebechert. Man sollte deshalb höllisch aufpassen, wenn man nachts mit dem Auto unterwegs ist. Die Einheimischen halten sich schon im nüchternen Zustand kaum an die Verkehrsregeln, wenn sie dann noch mit ein paar Promille hinterm Steuer sitzen, wird es richtig brenzlig.

USA:

Die California Driver License ist etwas Besonderes. Sie besitzt unter den weltweiten Führerscheinen Kultstatus. Als ich nach Los Angeles gekommen bin, habe ich mich vielleicht auch deshalb sofort zur Fahrprüfung angemeldet. Ich kam mit meinem eigenen Auto zum TÜV, bin zehn Minuten durch die Stadt gefahren und bekam auch schon meinen Führerschein ausgehändigt.

In L.A. gibt es zwar durchaus die ein oder andere Möglichkeit, den Führerschein loszuwerden, Alkohol am Steuer aber wird hier nur extrem selten kontrolliert.

Indien:

In Indien Auto zu fahren würde mich total überfordern, weil viel zu chaotisch und viel zu anstrengend. Deswegen betreibe ich eine Art Reichtumsumverteilung, indem ich Taxifahrer oder Rikschafahrer anstelle, die mich regelmäßig fahren.

Einen Führerschein bräuchte ich wahrscheinlich ohnehin nicht, weil indische Polizisten gern Bargeldspenden annehmen. Außerdem existiert in diesem Land so etwas wie ein positiver Rassismus. Ich als Weißhaut würde weit seltener kontrolliert werden als die Einheimischen.

Hans-Michael Ehl, Kairo
Ruth Kirchner, Peking
Peter Kujath, Tokio
Alexander Göbel, Rabat
Jan Tussing, Los Angeles
Sabina Matthay, Neu-Delhi

HANDWERKER

Shanghai +++ Los Angeles +++ Prag +++ Brüssel +++
Moskau

China:
Handwerker in Shanghai, das ist ein ganz heikles Thema. Eines
Tages kam ich ins Büro, und es tropfte durch die Decke. Ich bin
sofort nach oben geflitzt und sah, wie sich dort die Arbeiter auf
dem nackten Fußboden duschten. Meine mühsamen Erklärun-
gen, dass ihr Duschwasser auf unsere Computer tropft, haben
sie glücklicherweise verstanden. Doch schon ein paar Tage später tropfte es wieder von der Decke. Diesmal an einer anderen
Stelle. Ich bin wieder sofort hoch und bekam Folgendes zu sehen: Die Handwerker mischten fröhlich Beton an auf dem nackten Boden.

Meiner Erfahrung nach nehmen es die chinesischen Handwerker nicht so genau. Als wir ein Schloss austauschen ließen,
versprach uns der Handwerker, das mitgebrachte sei das beste,
was er habe. Zwei Tage darauf hat es nicht mehr funktioniert.
Der Handwerker kam und reparierte es – und wenig später ging
es erneut kaputt.

USA:
Los Angeles und Handwerker – ein geradezu traumatisches
Thema für mich. Ich kann nur allen arbeitslosen deutschen
Handwerkern raten, hierherzukommen. Hier gibt es echt viel zu
tun. Gute Handwerker werden in Los Angeles unter der Hand
weitergegeben und sind absolute Mangelware.

Mein Vermieter ist ein alter Hippie. Neulich sagte ich ihm,
dass es wieder durchs Dach geregnet hat. Das Wasser läuft dann

durch die erste Etage bis zu uns ins Erdgeschoss, tröpfelt direkt neben die Computer. Ich musste Eimer aufstellen. »Ja, klar!«, sagte der Vermieter wie immer. »Ich kenn da jemanden, der wird das Dach reparieren.« Pustekuchen! Seit vier Jahren regnet es nun schon durch dieses Dach, und die Handwerker finden die undichte Stelle nicht.

Teil der Misere ist sicher, dass es in den USA kein vernünftiges Ausbildungssystem gibt wie bei uns in Deutschland. Für jemanden, der hier Handwerker werden will, gibt es überhaupt keine Schule. Das läuft hier *learning by doing*. Man lässt sich in irgendeinem Betrieb anstellen und lernt vom Chef. Der Chef jedoch muss längst kein Meister sein. Hier kann jeder alles machen. Einfach einen Betrieb gründen und sich Handwerker nennen. Deshalb muss man auch jederzeit mit grobem Pfusch rechnen.

Tschechien:

Die Zunft der Handwerker hat einen wirklich schlechten Ruf hier: Wenn der Handwerker überhaupt kommt, kommt er zu spät, hat sein Werkzeug vergessen und muss noch ein zweites, drittes, viertes Mal kommen. Auch gibt es keine Kostenvoranschläge. Ihre Hilfe holt man sich deshalb nur im absoluten Notfall. Wenn man es irgendwie schafft, macht man es selbst. Man fragt die Nachbarn, man fragt die Freunde – bloß keinen Handwerker.

Wenn etwas in unserem Haus hier in Prag kaputtgeht, kommt der Handwerker für alles. Der kann vieles, aber nichts richtig. Er kommt vorbei, schaut sich den Schaden an, verschwindet, und kommt schließlich ein, zwei Tage später wieder, um herumzuwerkeln. Wir hatten beispielsweise einen Wasserrohrbruch. Für diesen Wasserrohrbruch rückte der Mann insgesamt vier Mal an und hat jedes Mal die Decke auf- und wieder zugemacht. Einfach unfassbar. Das war schon sehr lästig.

Ein anderes schönes Erlebnis hatte ich beim Reifenwechseln. Beim ersten Mal haben die Jungs zwei Schrauben abgebrochen, und beim zweiten Mal war nach hundert Metern der Reifen platt.

Belgien:
Egal wo auf der Welt man das Wort Handwerker in den Mund nimmt, ertönt sogleich ein tiefer Seufzer. Ich habe Glück, mein Mann hat goldene Hände und kann alles. Unsere belgischen Freunde beneiden uns darum, dass wir in der Regel nicht auf Handwerker angewiesen sind. Das ist nämlich auch in diesem Land eine Begegnung der dritten Art.

Bei unserem Haus stellte sich zum Beispiel heraus, dass der Erdungsstab nicht groß genug war. Unsere Kontaktaufnahme mit Elektrikern verlief dann folgendermaßen: Per E-Mail rührte sich niemand. Per Telefon dauerte es Wochen, bis jemand zurückrief. Schließlich rückten drei verschiedene Firmen an, und ihre Kostenvoranschläge lauteten 150 Euro, 430 Euro und 1000 Euro – für ein und dieselbe Arbeit. Und das ist kein Extremfall, das passiert in Belgien ständig.

Wir mussten uns einmal von einem Schlosser die Tür öffnen lassen, weil wir den Schlüssel vergessen hatten. Der Mann weigert sich bis heute, uns eine ganz normale Rechnung mit Mehrwertsteuer auszustellen. Und er arbeitet in einem ganz normalen Betrieb in einem guten Viertel von Brüssel!

Russland:
Beim Einzug in meine Moskauer Wohnung sah ich, dass der Wasserschlauch der Waschmaschine einfach nur in ein Loch in der Wand gesteckt worden war. Der Handwerker hat sich das angeschaut und den Kopf geschüttelt. Er befestigte den Schlauch mit einer Schnur und ballerte das Loch in der Wand so lange mit Silikon zu, bis der Wasserschlauch definitiv atombombensicher befestigt war.

Die russischen Handwerker sind bekanntermaßen Improvisationskünstler – eine direkte Folge davon, dass es in der ehemaligen Sowjetunion die benötigten Dinge oft nicht gab.

Markus Rimmele, Shanghai
Jan Tussing, Los Angeles
Stefan Heinlein, Prag
Doris Simon, Brüssel
Gesine Dornblüth, Moskau

HEIMWEH

Mexiko-Stadt +++ Los Angeles +++ Tel Aviv +++ Rom +++ Peking

Mexiko:
Heimweh habe ich schon manchmal, aber nicht wirklich schlimm. Ich fühle mich hier in Mexiko sehr wohl, sodass ich im Augenblick kein Bedürfnis habe, nach Deutschland zu fahren. Heutzutage kann man sowieso das Internet einschalten und sich zumindest virtuell in einer komplett deutschen Umgebung bewegen. Meistens kann ich der Verlockung nicht widerstehen, mir die *Tagesschau* anzusehen – obwohl das im Grunde vollkommen absurd ist, weil die Geschehnisse 10 000 Kilometer entfernt stattfinden.

Was mir am ehesten fehlt, ist das deutsche Essen. Zwar schmeckt mir das mexikanische Essen nicht schlecht. Letztendlich aber ist es meinem Empfinden nach immer das Gleiche: irgendetwas, das in Tortillas eingerollt ist. Was ich definitiv vermisse, ist eine Bratwurst oder eine Currywurst.

Ansonsten habe ich durch meinen Aufenthalt in Mexiko festgestellt, in welcher Überorganisation wir in Deutschland leben. Hier herrscht eine völlig andere, sehr angenehme Lebensweise, die gemessen an deutschen Gewohnheiten regelrecht anarchisch ist. Dadurch genießt man in Mexiko größere Freiheiten und kann viel mehr selbst entscheiden. Das sehe ich als unbedingten Vorteil.

USA:
Tatsächlich verspüre ich hier in LA nur wenig Heimweh. Lediglich manche Menschen fehlen mir, und dieses Gefühl wird durch den enormen Zeitunterschied von neun Stunden natürlich noch ver-

schlimmert. Das erschwert die Kommunikation mit Freunden und Verwandten. Wenn ich Feierabend habe und gerne mal mit Freunden oder meiner Mutter telefonieren würde, liegen in Deutschland alle in den tiefsten Träumen. Deshalb hat sich das bei mir so eingespielt, dass Samstag- und Sonntagvormittag für Familie und Freunde reserviert ist und ich nach Deutschland skype.

Ich vermisse also Menschen – und ich vermisse Gerüche. Ich vermisse den Geruch einer deutschen Bäckerei, den Geruch der Berliner U-Bahn, den Geruch nach einem kurzen Regenschauer und den Geruch von Fliederbüschen im Frühjahr. In dem winzigen Dorf in der Prignitz, wo ich aufgewachsen bin, duften die blühenden Fliederbüsche einfach wunderbar. Die kalifornischen hingegen duften nicht, was mich stets ein wenig traurig stimmt.

Andere Dinge vermisse ich hier in L.A. gar nicht. Wenn mir die Frau, die morgens Coffee to go verkauft, und die ich vorher noch nie gesehen habe, den Becher reicht und sagt: »Here you go, honey!«, dann freut mich das aufrichtig. Die Muffeligkeit der Deutschen kann mir echt gestohlen bleiben.

Israel:
Wenn ich an Deutschland denke, verspüre ich relativ wenig Heimweh, weil dort das Wetter regelmäßig furchtbar grausig ist. Alle beneiden mich dafür, dass ich in Tel Aviv quasi durchgängig Sonne habe. Nur der Schnee, der hat mir im Winter wirklich gefehlt.

Ansonsten habe ich höchstens Sehnsucht nach bestimmten Lebensmitteln. Als mich meine Mutter neulich besucht hat, sollte sie mir Brot, Schinken und Käse mitbringen. Käse ist hier in Israel ein echtes Luxusgut, wofür man Apothekenpreise zahlt.

Italien:
Was mir hier in Rom fehlt, ist deutsches Brot. Es gibt zwar wunderbare Bäcker, die hervorragendes Weißbrot backen, und das schmeckt mir auch sehr gut, aber wenn man es jeden Tag isst,

vergeht einem die Lust darauf. Ich bin sogar schon dazu übergegangen, mein Brot selbst zu backen. Ansonsten vermisse ich das heimische Essen nicht unbedingt. Ganz im Gegensatz zu den Italienern. Ich kenne Italiener, die reisen mit Nudeln und Pastasoße im Handgepäck!

Die andere Sache, die mir hier in Rom fehlt, ist eine bestimmte Jahreszeit: der Herbst. In Deutschland finde ich es toll, wenn die Blätter sich färben, irgendwann herunterfallen und schließlich alles voller Laub liegt. In Rom dagegen passiert das von einen Tag auf den anderen.

China:

In Peking gibt es glücklicherweise mehrere deutsche Bäcker, die hervorragendes Vollkornbrot backen. Somit hält sich meine Sehnsucht danach in Grenzen.

Wonach ich mich in China allerdings tatsächlich manchmal sehne ist der Nieselregen: so ein schönes deutsches Tiefdruckgebiet! Gerade im Winter, wenn wir hier überhaupt keine Niederschläge haben und es derart trocken ist, dass die Holzmöbel Risse bekommen. Dann träume ich oft von sanftem, gleichmäßig fallendem Nieselregen.

Was ich manchmal ebenfalls vermisse, obwohl ich nicht besonders religiös bin, ist das Läuten von Kirchturmglocken. Ich finde es einfach herrlich, morgens vom Läuten der Kirchturmglocken geweckt zu werden. Dann weiß ich, dass ich wieder in Deutschland bin.

Martin Polansky, Mexiko-Stadt
Nicole Markwald, Los Angeles
Christian Wagner, Tel Aviv
Jan-Christoph Kitzler, Rom
Ruth Kirchner, Peking

HEIZUNG

Rabat +++ Moskau +++ Mexiko-Stadt +++ Warschau +++
Kairo

Marokko:

Gerade hier im Norden von Marokko benötigt man dringend
eine Heizung. Im Winter herrschen hier nämlich richtig kalte
Temperaturen, dann frieren wir wie die Schneider. Wirklich!
Es zieht in meiner Wohnung durch alle Ritzen – zentimeter-
große Ritzen in alten Fensterrahmen, die man selbst mühsam ab-
zudichten versucht. Manch eine Nacht sitze ich im Bett, friere
bis auf die Knochen und fürchte mich vor dem morgendlichen
Gang ins bitterkalte Bad.

Russland:

Das Thema Heizung in Russland ist immer wieder spannend. Jedes Jahr im Herbst heißt es: Schaffen wir es vielleicht dieses Jahr,
die Heizsaison pünktlich zu eröffnen? Ich habe mich hier schon
im Oktober furchtbar erkältet, weil es draußen bereits saukalt,
die Heizsaison jedoch offiziell noch nicht eröffnet worden war.
Deshalb musste man bei 16 Grad in der Wohnung frieren.

Auf den Dörfern haben die Menschen es besser, dort steht
oft noch der große Holzofen in der Mitte des Hauses. Manche kennen ihn vielleicht aus den Erzählungen von Dostojewski
oder Tschechow mit dem Petja, der auf dem Ofen liegt. An diesem Ofen kann man sich hervorragend aufwärmen.

In unserem Haus heizen wir mit Gas. Herr Putin und alle
seine Freunde verdienen an uns wahnsinnig viel Geld. Üblicherweise gibt es hier in Russland Fernwärme. Das bedeutet, es
ist entweder warm oder kalt. Die Temperaturunterschiede zwi-

schen drinnen und draußen sind teilweise richtig krass, das können locker fünfzig Grad Unterschied sein. Und wenn es dann in den Wohnungen zu heiß ist, weil man die Heizungen nicht regeln kann, wird eben auch bei dreißig Grad minus das Fenster aufgemacht.

Mexiko:

Wir haben hier in Mexiko-City so gut wie keine Heizungen. Obwohl die Stadt auf 2000 Metern Höhe liegt. Da kann man sich vorstellen, wie kalt es hier teilweise wird. Nachts sinken die Temperaturen gerne mal auf drei bis fünf Grad.

Glücklicherweise scheint bei mir tagsüber permanent die Sonne, dadurch heizt sich meine Wohnung ein bisschen auf.

In Wohnungen, die ungünstiger zur Sonne liegen, wird es unangenehm kalt. Viele behelfen sich dann mit stromfressenden Heizungen, die leider keinen großen Effekt haben. Die Leute hier erhitzen zwar ihr Wasser mit Gas, eine richtige Heizungsanlage jedoch ist ihnen viel zu teuer.

Polen:

Gas ist in Polen unglaublich teuer, sehr viel teurer als in Deutschland. Ich persönlich zahle im Winter pro Monat etwa 1500 Euro.

In den Wohnungen aus den Sechziger und Siebziger Jahren funktionieren die Heizungen oft nicht. Dort müssen die Menschen frieren. Wir hatten hier im Winter minus dreißig Grad und mehr, da waren es im Wohnzimmer gerade mal zehn Grad – keine Wohlfühltemperatur.

Die Häuser sind oft mit Fernwärme beheizt, und deren Heizleistung reicht einfach nicht aus. Oder die Rohre gehen kaputt, und man lässt die Menschen ewig auf Reparaturen warten. Unzumutbare Zustände. Viele Menschen heizen noch mit Kohleöfen, aber auch die funktionieren oft nicht richtig.

Ägypten:
Wenn ich mit Freunden in Deutschland über das Thema Heizung in Kairo spreche, werde ich normalerweise ausgelacht. Dabei wird es zwischen Ende November und Anfang März empfindlich kalt. Das Problem ist, dass die Häuser hier im Winter so schnell auskühlen – und wer will schon bei sechs Grad schlafen oder bei zwölf Grad acht Stunden lang im Büro sitzen?

Zwar lassen sich viele Klimaanlagen hier in Ägypten auf Heizung umstellen. Man muss zur Sicherheit jedoch stets ein Elektroheizgerät parat haben, weil diese Art zu heizen nicht wirklich zuverlässig klappt. Ansonsten sind manche Wohnungen mit einem Kamin ausgestattet, aber dort lautet das Problem: Wo das Holz hernehmen? Große Waldflächen muss man in Ägypten suchen.

Alexander Göbel, Rabat
Gesine Dornblüth, Moskau
Martin Polansky, Mexiko-Stadt
Henryk Jarczyk, Warschau
Hans-Michael Ehl, Kairo

KORRUPTION

Mexiko-Stadt +++ Rom +++ Peking +++ Los Angeles +++ Tel Aviv

Mexiko:
In Mexiko ist Korruption allgegenwärtig. Ein Taxifahrer erzählte mir, dass er bei den zuständigen Behörden gefragt worden ist, ob er das normale Taxameter haben möchte oder das, bei dem sich der Fahrpreis automatisch um zwanzig Prozent erhöht. Für letzteres Gerät hätte er natürlich ein entsprechendes Bestechungsgeld rüberreichen müssen, und somit hätten beide Parteien ein gutes Geschäft gemacht.

Meiner Theorie zufolge funktioniert die Korruption in Mexiko deshalb so gut, weil viele Leute überzeugt sind, davon zu profitieren. Der Gaslieferant zum Beispiel macht den Container erst wirklich voll, wenn man was auf die Rechnung drauflegt. Die Polizisten sind auch notorisch korrupt. Jeder versucht, seine Position auszunutzen, und dadurch funktioniert dieses System.

Nehmen wir die neue Führerscheinregelung in Mexiko. Nach der Beschreibung eines Mexikaners sieht sie folgendermaßen aus: Erster Schritt: anmelden. Zweiter Schritt: Prüfung absolvieren. Dritter Schritt: akzeptieren, dass man durchgefallen ist. Vierter Schritt: Die geforderte Summe zahlen. Fünfter Schritt: den Führerschein entgegennehmen.

Italien:
Ich persönlich habe noch niemanden geschmiert hier in Italien. Manchmal allerdings ist einem schon danach, wenn man in einer italienischen Behörde sitzt.

Beim Thema Korruption muss man natürlich auch über Vetternwirtschaft sprechen. Als mir der Direktor des Castel Gandolfo, den päpstlichen Gärten, eine Führung gab, ist mir zum Beispiel Folgendes passiert: Während er mir die Werkstatt des päpstlichen Klempners zeigte, wollte ich wissen, wie man denn an diesen schönen Posten käme. Seine Antwort lautete: »Ganz einfach: Indem man der Sohn des päpstlichen Klempners ist.« Familienseilschaften funktionieren auch in Universitäten erstaunlich gut. Wirklich gute Leute haben es mitunter schwer, weil die Söhne von Professoren einfach vorgezogen werden.

Oder nehmen wir die berühmte Autobahn von Palermo bis Messina, einmal quer durch Sizilien. Seit zwanzig, dreißig Jahren ist sie eine Dauerbaustelle, weil die Mafia kein Interesse an der Fertigstellung hat. Ohne eine gute Infrastruktur fällt es ihnen nämlich sehr viel leichter, das Territorium zu kontrollieren.

China:

Korruption ist in China weitverbreitet. Auf Pressekonferenzen von chinesischen Unternehmen erhalten die chinesischen Journalisten in der Regel einen Umschlag mit dem sogenannten »Taxigeld« – wobei der Inhalt weit über die tatsächlichen Kosten einer Taxifahrt hinausgeht. Zum einen erhalten die chinesischen Kollegen das Geld dafür, dass sie überhaupt gekommen sind. Zum anderen erhofft man sich davon sicherlich auch eine positive Berichterstattung. Wir westlichen Journalisten müssen uns dann meistens an einem anderen Tisch registrieren, an dem es diese Nettigkeit nicht gibt. Es ist aber schon vorgekommen, dass ich am falschen Tisch stand und diesen Umschlag ebenfalls in die Hand gedrückt bekam. Als ich ihn zurückgab, war das dem Unternehmen extrem peinlich.

Auch in den Schulen gibt es Korruption. Ich weiß von einer Mutter, die bereits Monate vor der Einschulung ihres Sohnes begann, den richtigen Leuten teure Geschenke zu machen. Darunter waren iPads, Laptops und Einladungen zum Essen. Alles für den Aufbau eines Beziehungsnetzes, damit der Junge in eine

Elite-Grundschule aufgenommen wird. Sie hat dafür Tausende Yuan investiert, also mehrere tausend Euro.

USA:
Dass man hier in Kalifornien irgendjemanden bestechen muss, um eine bestimmte Leistung zu erhalten, so etwas ist mir persönlich nicht bekannt. Ab und zu gibt es Skandälchen, wenn der Bürgermeister einer Gemeinde denjenigen Leuten Aufträge zugeschachert hat, die ihm sehr gewogen sind. Doch das begegnet einem im alltäglichen Leben in den USA eher weniger.

Israel:
In der Politik ist die Korruption allgegenwärtig. Es gibt hier eine ganze Menge von Politikern, die sich solcher Vorwürfe vor Gericht erwehren müssen.

Leute, die sich um mehr Qualität in der Politik bemühen, haben mir erzählt, man habe sich in Israel schon ziemlich an die Korruption gewöhnt. Erweckt ein Volksvertreter also den Eindruck, er setze sich für die Interessen des Volkes ein, dann verzeiht man ihm auch Korruptionsskandale. Korruption gehört in Israel zur Tagesordnung.

Martin Polansky, Mexiko-Stadt
Jan-Christoph Kitzler, Rom
Ruth Kirchner, Peking
Nicole Markwald, Los Angeles
Christian Wagner, Tel Aviv

LÄRM

London +++ Moskau +++ Tel Aviv +++ Tokio +++ Rabat

Großbritannien:

Meines Wissens gibt es keinen Ort in London, an dem es wirklich still ist. Der Lärm ist überall, sogar in die Kirchen dringt dieses Grundrauschen der Stadt ein. Egal, wohin man sich zurückzieht – selbst in den zahllosen Parks und grünen Oasen.

Ganz spezifisch für London ist das Quietschen der S-Bahnen. Ein wahrhaft nervtötendes Geräusch.

Die Londoner leben normalerweise dennoch mit Einfachglasscheiben. Wir selbst haben uns wegen des Lärms noch ein Extrafenster einsetzen lassen, dadurch ist man relativ gut isoliert vom Straßenlärm. Doch sobald man in den Garten rausgeht, ist er natürlich wieder da.

Russland:

Moskau ist irrsinnig laut. Das ist auch der Aspekt, der mir wirklich am meisten zu schaffen macht. Selbst in den Parks muss man einen ungeheuren Geräuschpegel erdulden. Schuld daran sind vor allem die Autos, deren Lärm an den sehr breiten Straßen mit ihren glatten Häuserfassaden einfach nicht gebrochen wird.

Die Moskauer selbst sind eher zurückhaltende Menschen. Allerdings telefonieren sie sehr laut. Das mag eine Angewohnheit aus sowjetischen Zeiten sein, als die Telefonleitungen sehr schlecht waren. Überall sind also wahre Schreikommandos zu hören. In der Metro übertönt das sogar den Metrolärm.

Dann gibt es in Moskau noch eine Lärm-Spezialität: Die Bewohner sind vernarrt in Feuerwerk und lassen fast jeden Tag mehrere solcher Spektakel stattfinden. Ungünstigerweise ist einer der beliebtesten Feuerwerksplätze direkt vor unserem Haus. Jeden Abend um 23 Uhr ist es so laut, dass ich senkrecht im Bett stehe.

Israel:

In Tel Aviv gibt es zum einen sehr viele stinkende alte Busse. Doch die sind nicht der einzige Grund für den Lärm. In Israel schreien die Menschen nämlich gerne. Sie schreien nicht nur auf den Märkten, sie schreien auch in ihren Zwiegesprächen. Ja, sie rufen einander eher Dinge zu, als dass sie sich unterhalten würden. Auch rufen sie sich laut beim Vornamen, mich ebenfalls: »Sebastian! Sebastian!«, und das in einer ziemlich aggressiv wirkenden Weise. Außerdem schreien sie in Gruppen gerne. Und am Handy sowieso. Wobei ihnen jeder zuhören kann, denn es ist hier üblich, sein Handy auf Lautsprecherfunktion zu stellen.

Im Radio haben wir den Moderator Razi Barkai mit seiner beliebten Morgensendung. Was dieser Mann am Mikrofon veranstaltet, das ist ebenfalls Lärm.

Japan:

Jeder, der Tokio besucht, wird über den Lärm klagen. Es klingelt und rasselt hier überall. Als besonders extrem empfinde ich nach wie vor die berühmte Kreuzung vor dem Bahnhof Shibuya. Dort rauscht der Verkehr unfassbar laut vorbei. Außerdem hängen dort vier Riesen-Bildschirme, auf denen Werbung und die neueste Musik gespielt wird und nach unten dröhnt. Die Japaner unterhalten sich dabei trotzdem. Mir selbst ist das immer viel zu laut.

In Tokio passen Lärm und Schlafen erstaunlicherweise zusammen. Die Einheimischen haben sich angewöhnt, trotz des Lärms überall ein Nickerchen zu halten. Die können ihren Kopf wo es ihnen beliebt auf den Tisch legen und ohne Weiteres eine Runde schlafen.

Marokko:

In Rabat herrscht um mich herum überall Lärm. Leider auch in meiner Wohnung, deshalb will ich dringend ausziehen. Es fängt morgens um sechs Uhr an mit dem Lärm vom Gymnasium gegenüber, geht weiter mit den Hupkonzerten im Straßenverkehr und einem Autorennen, das die Jugendlichen auf dem Parkplatz nebenan veranstalten, und endet mit folgendem Spaß: Mitten in der Nacht, gegen ein Uhr dreißig, rückt die Müllabfuhr an, und die ist derart laut, dass ich manchmal den Eindruck habe, die machen das absichtlich, um die Leute noch einmal aufzuwecken. Anschließend ist mit etwas Glück Ruhe bis um fünf Uhr – bis der Muezzin zu singen beginnt. Ergo: Ich schlafe quasi keine Nacht ohne Ohrstöpsel.

Jochen Spengler, London
Gesine Dornblüth, Moskau
Sebastian Engelbrecht, Tel Aviv
Peter Kujath, Tokio
Alexander Göbel, Rabat

MÜLLENTSORGUNG

Moskau +++ Mexiko-Stadt +++ Nairobi +++
Los Angeles +++ Peking

Russland:

Eine Müllentsorgung, wie wir sie aus Deutschland kennen, gibt
es in Russland nicht wirklich. Ich stelle fest, dass mein grünes
Gewissen hier etwas leidet. Aber ob ich die Gesellschaft ändern
werde in den nächsten Jahren, da bin ich nicht so richtig opti-
mistisch.

Plastiktüten sind allgegenwärtig, man bekommt sie überall in
die Hand gedrückt. Manchmal lehne ich beim Einkaufen dan-
kend ab, dann schauen mich die Verkäufer fragend an.

Ich wohne hier im 13. Stock in einem Hochhaus, wo man
den Hausmüll per Müllschlucker entsorgt. Da kann man sorglos alles reinschmeißen, was nicht größer ist als eine halbe Plas-
tiktüte, wirklich alles. Nach dem Einwurf gibt es einen Riesen-
lärm – was wahrscheinlich sämtliche Nachbarn ärgert, die tiefer
wohnen –, und irgendwann hört man ein lautes Rums.

Mexiko:

Mir fällt hier regelmäßig auf, wie sorglos die Leute mit ihrem
Müll umgehen. Man schmeißt ihn einfach auf die Straße. Keinen schert es, keiner wird einen bösen Kommentar abgeben.

Auch bei unserem Hausmüll frage ich mich meistens, wann
er wohl das nächste Mal abgeholt wird. Heute Morgen war wieder alles voll.

Mülltrennung wird in Mexiko ganz einfach praktiziert:
Es gibt organischen Müll, der in die grüne Tonne gehört, und
nichtorganischen Müll, der in die weiße Tonne gehört. Lustiger-

weise gelten unter anderem schmutzige Windeln als organischer Müll, dazu gibt es einen expliziten Hinweis an den Mülltonnen. So weit, so gut. Nun ist es aber so, dass die Leute erst einmal die weiße Tonne vollwerfen, dann aber wird auch die grüne Tonne mit nichtorganischem Müll gefüllt, weil die so schön leer ist. Dieses duale System macht meiner Meinung nach im Augenblick wenig Sinn.

Kenia:
Die hiesige Müllentsorgung kann ich tagtäglich riechen. Das liegt daran, dass die Müllentsorgung größtenteils in die eigene Hand genommen wird, indem man seinen Müll auf dem Grundstück verbrennt. Fast jeder hat hier einen Askari, einen Wächter, der auch dafür zuständig ist, tagsüber Sachen zusammenzukehren und auf einen Haufen zu schichten. Ganz egal was, einfach alles landet auf diesem Haufen: vom organischen Abfall über Papier bis hin zu Plastik. Und irgendwann wird dieser Haufen angezündet. Jeden Tag, wenn ich aus meinem Fenster schaue, sehe ich irgendwo in der Nachbarschaft eine besorgniserregende schwarze Rauchwolke.

Es gibt tatsächlich auch eine Müllabfuhr in Kenia, doch die können sich nur wenige leisten. Diese Müllabfuhr transportiert ihr Gut an den Stadtrand, wo es nach Glas, Metall oder sonstigen halbwegs lukrativen Wertstoffen durchsucht wird. Viele Menschen verdienen sich damit ein wenig Geld. Das Ergebnis sind perfekt sortierte Müllhalden, wie ich sie noch nie zuvor gesehen habe.

USA:
Mülltrennung existiert in Los Angeles im Grunde nicht. Zwar stehen hier Tonnen für Papiermüll herum. Das gesamte Müllsystem ist jedoch in einem solch mittelalterlichen Zustand, dass von Trennung nicht die Rede sein kann.

Die einzige Mülltrennung, die hier hervorragend klappt, wird von den Ärmsten der Armen geleistet, die mit dem einen Cent, den sie pro Dose bekommen, ihr Geld verdienen. Ein Heer von armen Menschen durchpflügt in Los Angeles die Mülltonnen, um dort Dosen und Gläser herauszufischen.

China:

Vor meinem Mietshaus stehen drei große Tonnen: Eine für Küchenabfälle, eine für recyclebare Abfälle und eine für Restmüll. Meinem Eindruck nach laden die Leute dort allerdings ihren Müll völlig willkürlich ab – sie können schließlich davon ausgehen, dass ihn irgendjemand garantiert wieder auseinandersortiert. Auch meine Haushälterin verkauft einen Teil unseres Mülls, um sich damit ein paar Cent nebenbei zu verdienen.

Kürzlich habe ich es gewagt, zwei chinesische Mädchen zu ermahnen, das Papier, das sie gerade auf die Straße geworfen hatten, doch bitte wieder aufzuheben und in die Mülltonne zu schmeißen, die direkt danebenstand. Das war eine unangenehme Erfahrung. Die Mutter hat mich unglaublich angeschnauzt: Was mir einfallen würde. Man könnte doch wohl nicht erwarten, dass die Kinder das Papier vom Boden aufheben.

Gesine Dornblüth, Moskau
Martin Polansky, Mexiko-Stadt
Antje Diekhans, Nairobi
Jan Tussing, Los Angeles
Ruth Kirchner, Peking

NOTFALL

Paris +++ Shanghai +++ Rabat +++ Warschau

Frankreich:

Ich bin mit Kindern nach Frankreich gekommen, da passieren natürlich immer wieder mal Notfälle. Auch hierzulande geht man im Notfall ins Krankenhaus.

Der erste Notfall betraf meine Tochter, die sich schwer an der Oberlippe verletzt hatte. Der Krankenwagen hat uns zum nächsten Krankenhaus gefahren, doch dort wurden wir abgewiesen. Wir erhielten die freundliche, aber sehr bestimmte Anweisung, uns doch bitte ein anderes Krankenhaus zu suchen, solange wir uns noch auf den Beinen halten können. Also da entsteht dann so etwas wie ein Notfalltourismus.

Im Krankenhaus erlebt man dann etwas, das einem in Frankreich häufig begegnet: gut gefüllte Wartehallen. In diesem Fall gefüllt mit mehr oder weniger schwer Verletzten. Wir mussten Stunden mit der akut blutenden Lippe meiner Tochter warten, bis sich ein Arzt die Wunde anschaute. Irgendwann ging es in den ambulanten Operationsraum, der nicht besonders steril wirkte. Dafür war aber das Personal sehr nett, und der Chirurg hat, während er nähte, mit mir geflirtet, wie sich das für einen Franzosen gehört.

China:

Die chinesischen Kliniken sind überaus professionell. Das Problem ist nur, schnell in ein Krankenhaus zu gelangen und dann tatsächlich auch behandelt zu werden.

Jeder rät einem: Wenn man sich noch irgendwie in ein Taxi schleppen kann, soll man das um Himmels willen tun und nicht auf einen Krankenwagen warten. Denn unter Umständen kommt der einfach nie.

Ich habe mir mal in den Finger geschnitten und musste schnell in eine Klinik. Am Empfang hielt ich einfach meinen Finger hoch, sodass nicht mehr viel gesagt werden musste. Bevor allerdings irgendetwas geschah, mussten zuerst die finanziellen Fragen geklärt werden. Es ist auch durchaus üblich, sofort zur Kasse gebeten zu werden. Deshalb sollte man bei einem Notfall am besten einen ganzen Batzen Bargeld in der Tasche haben. Wenn große Eile geboten ist, muss man sogar bestechen, damit einem geholfen wird.

Marokko:
Unfälle sehe ich jeden Tag in Rabat, vor allem mit Mopeds und Fahrradfahrern. Der berühmte Schulterblick, den wir in Deutschland im Blut haben, sobald wir den Führerschein bekommen, gehört hier nicht zum Standard. Auch habe ich noch nie erlebt, dass jemand bei schweren Unfällen eine Erstversorgung leistet. Ich fürchte, viele Leute wissen nicht einmal, dass sie einen Verbandskasten im Auto haben. Ziemlich dramatische Verhältnisse, die hier herrschen.

Als ich einmal in eine Klinik musste, lief alles zwar sehr schnell, doch bevor ich behandelt wurde, mussten erst die finanziellen Fragen geklärt werden. Auch sind die hygienischen Bedingungen in den großen öffentlichen Kliniken meilenweit entfernt von denen der Privatkliniken. Es ist also offensichtlich, dass wir es hier mit einem Zweiklassensystem zu tun haben.

Je nach Tageszeit sind die Straßen in Rabat völlig verstopft. Oft ist es fürchterlich mitanzusehen, wie sich Krankenwagen mit Sirene durch die Blechlawinen quälen, und man denkt still bei sich: Gott sei Dank liege ich nicht darin.

Polen:

Ich habe hier eine unglaublich aufgeheizte Diskussion um folgenden erschütternden Fall erlebt: Als eine Mutter ihr fieberndes Kind in eine Klinik bringen wollte, kam und kam der Krankenwagen nicht. Dieses Mädchen musste letzten Endes sterben. Daraufhin ging eine Welle der Entrüstung durch das ganze Land, und man hat sich das System der Notambulanzen endlich einmal genauer angeschaut. Was man dabei feststellte? Dass es besser wäre, es passiert einem nichts.

Wenn ich einen Notfall hätte, würde ich möglichst rasch nach Deutschland fahren oder mir hier eine Privatklinik suchen. Eine Freundin in Warschau hatte sich zum Beispiel den Fuß gebrochen und humpelte in die nächstgelegene Klinik. Dort musste sie geschlagene fünf Stunden auf ihre Behandlung warten. Als ich das hörte, dachte ich: In diesen fünf Stunden bin ich in Berlin und habe die Hilfe, die ich brauche.

Ursula Welter, Paris
Markus Rimmele, Shanghai
Alexander Göbel, Rabat
Sabine Adler, Warschau

POSTÄMTER

Peking +++ Warschau +++ Mexiko-Stadt +++
Washington +++ Nairobi

China:
Auf den Postämtern muss man lange anstehen, wie überall in
China. Die Einheimischen ertragen das Warten mit viel Geduld,
aber von einer »Schlangestehkultur« kann hier nicht die Rede
sein. Insbesondere alte Frauen haben es faustdick hinter den Ohren und boxen sich oft rabiat durch. Doch irgendwann kommt
jeder an die Reihe.

Wenn ich ein Päckchen ins Ausland verschicken will, muss
ich es vor den Augen der Postbeamten packen, damit ich bloß
nichts politisch Verdächtiges hineintue. Mit dem Post- und
Briefgeheimnis nimmt man es in China nicht so genau.

Briefkästen gibt es in meiner Nachbarschaft keine. Oder sie
sind mir noch nicht aufgefallen. Überhaupt ist mir noch nie aufgefallen, ob es in Peking Briefkästen gibt. Das kommt daher,
dass ich mit jedem Brief zum Postamt gehe.

Polen:
Meine erste Erfahrung mit dem Postamt in Danzig war, dass
mein Brief, den ich in einem wunderschönen, guterhaltenen Gebäude aufgegeben habe, leider nicht angekommen ist.

Auch habe ich in Warschau noch nie einen Postboten gesehen, weder auf dem Fahrrad noch im Auto. Wenn ich genau
überlege, weiß ich gar nicht, wie die Post eigentlich in meinen
Briefkasten kommt.

Mexiko:

In Mexiko gibt es wenige Postämter, das fällt richtig auf. Man findet auch kaum Postkarten. Man reist hier durch die Lande und möchte eine Postkarte verschicken an die Lieben zu Hause, sucht aber vergeblich. Es scheint diese Tradition hier einfach nicht zu geben.

Die Post gilt in Mexiko gemeinhin als nicht sicher. Deswegen ist es üblich, dass Firmen ihre Bestellungen direkt anliefern lassen durch einen eigenen Boten.

USA:

Die Langsamkeit der Postämter ist in den USA sprichwörtlich. Als Kunde staunt man darüber, wie schleichend es auf der Post zugehen kann. Grundsätzlich muss man dort Schlange stehen, und die Wartenden sind meistens auch sehr ungeduldig. Aber sie hüten sich, das zu zeigen, schließlich hat der Mann oder die Dame hinter dem Tisch die Macht – und die Briefmarken.

Dass bei den Postbeamten durchaus Vorsicht geboten ist, zeigt der schöne Ausdruck »going postle«. Das heißt »durchdrehen«, »verrücktspielen und mit einem Gewehr um sich schießen, um möglichst viele Menschen umzubringen«. Nach dem Vietnamkrieg wurden nämlich zahlreiche Veteranen bei der Post untergebracht, und die neigten aufgrund ihrer unverarbeiteten Traumata dazu, bei den kleinsten Anlässen durchzudrehen. Da konnte es durchaus passieren, dass aus Frust der Chef erschossen wird.

Bei Paketpost kann man in den USA auf die Alternative UPS ausweichen, bei Briefen jedoch muss man sich auf den guten alten US Postle Service verlassen.

Kenia:

Ich würde es in Kenia niemals wagen, ein Päckchen aufzugeben. Denn das käme niemals an. Umgekehrt ist es auch nicht viel besser: Sollte der äußerst seltene Fall eintreten, dass mir hier ein Päckchen tatsächlich zugestellt wird, ist zunächst einmal Anstehen angesagt, um dieses Paket entgegenzunehmen. Danach muss ich allerdings noch eine Gebühr entrichten, wofür ich mich beim nächsten Schalter anstelle. Schlussendlich darf ich mich mit dieser Quittung wieder zum ersten Schalter begeben und habe insgesamt so um die drei Stunden investiert, bis ich mein Päckchen in Händen halte.

Offiziell wohne ich hier quasi auf dem Postamt. Meine einzige Adresse ist die einer P.O. Box, ich besitze weder einen Briefkasten noch eine richtige Hausnummer. Meine Post geht direkt in dieses Postfach und muss dort jeden Tag abgeholt werden.

Ruth Kirchner, Peking
Sabine Adler, Warschau
Martin Polansky, Mexiko-Stadt
Marcus Pindur, Washington
Antje Diekhans, Nairobi

PÜNKTLICHKEIT

London +++ Moskau +++ Kairo +++ Rom

Großbritannien:

Es gibt eine spezielle englische Pünktlichkeit. Die sieht so aus, dass man zehn bis 15 Minuten nach dem verabredeten Zeitpunkt eintrifft – was zumindest weitaus weniger schlimm ist als in Südeuropa, wo man manchmal doch recht lange warten muss. Man sollte bei Verabredungen in London ohnehin immer ein paar Minuten Spielraum einrechnen, da man nie genau vorhersagen kann, wie sehr man durch den Verkehr aufgehalten wird.

Wir Deutschen können natürlich nicht aus unserer Haut. Wenn wir sagen, wir sind um zwölf Uhr da, dann sind wir um zwölf Uhr da. Dafür sind wir bekannt. Genauso wie für unsere absolute Humorlosigkeit – was übrigens völlig falsch ist.

Russland:

Hier in Moskau wird man immer für die sogenannte deutsche Pünktlichkeit gelobt. Dabei sind die Russen selbst gar nicht so unpünktlich. Das war einmal anders. In der Sowjetunion war es um die Arbeitsmoral allgemein eher etwas nachlässiger bestellt. Oft fehlte es an Ehrgeiz. Sobald es heutzutage um wichtige Dinge geht – sprich um Geld –, sind die Russen unheimlich pünktlich. Geht es aber um private Verabredungen, erlauben sie sich durchaus die ein oder andere Verspätung.

Ich persönlich habe es mir als gute, pünktliche Deutsche zur Regel gemacht, immer eine Stunde früher als notwendig loszugehen, egal wo ich hinfahre.

Was mich stets positiv überrascht, ist, dass die Züge hier absolut pünktlich sind, obwohl Russland weit größer ist als Deutschland.

Ägypten:

Die Pünktlichkeit haben die Ägypter sicher nicht erfunden. Ehrlich gesagt bin ich mittlerweile sogar überrascht, wenn jemand zum vereinbarten Zeitpunkt auftaucht.

Der Standardsatz hier lautet: »Ich bin auf dem Weg.« Wichtig ist in Ägypten außerdem das Wort *Bukra*. »Bukra, bukra.« Das heißt: »Ich komme morgen.« Inzwischen habe ich mir angewöhnt, einfach nachzufragen: »Meinst du tatsächlich morgen, oder meinst du doch eher nächste Woche?«

Die Gelassenheit der Ägypter in Sachen Pünktlichkeit hat mittlerweile ein bisschen auf mich abgefärbt. Wenn meine Verabredung nicht auftaucht, denke ich oft, dann machen wir eben einen neuen Termin aus. Oder ich warte geduldig eine Stunde oder eineinhalb Stunden. Bei wichtigen Interviews muss ich das sowieso von vornherein einkalkulieren.

Italien:

In puncto Pünktlichkeit gibt es in Italien ein starkes Nord-Süd-Gefälle. Je weiter man nach Süden geht, desto später kommen die Leute. Mittlerweile nutzt man wenigstens die Handys und sagt: »Sorry, ich komm ein bisschen später.« Wenn man dann nachfragt, erhält man die Antwort: »Due minuti.« Das heißt »zwei Minuten« und bedeutet ungefähr eine halbe Stunde.

Es gibt auch den ein oder anderen Handwerker, der ankündigt, er komme in »tarda martinata«, also am späten Vormittag. In der Realität handelt es sich dabei aber dann eher um den späten Nachmittag. Eine beliebte Ausrede dafür lautet, dass so viel Verkehr gewesen sei – und das stimmt eigentlich immer. Auf Roms Straßen ist immer die Hölle los. Zweite Ausrede: »Ich habe keinen Parkplatz gefunden.« Das stimmt ebenfalls immer. Parkplätze sind hier nämlich sehr rar.

Wer die Italiener ärgern möchte, der ist als Deutscher pünktlich. Als ich meine Anzüge in die Reinigung gebracht habe, ermahnte die Inhaberin mich: »Sie müssen die pünktlich abholen. Um 19 Uhr. Dann mache ich meinen Laden zu!« Ich habe daraufhin den Laden mit dem Ton des Zeitzeichens der Radionachrichten betreten. Die Frau ist fast umgefallen, weil meine Anzüge noch gar nicht fertig waren.

Die Italiener können aber auch sehr pünktlich sein – bei Zügen oder Flügen. Da wissen sie, dass die auch ohne sie abfahren oder abfliegen. Züge und Flüge sind nämlich extrem pünktlich in Italien, pünktlicher als in Deutschland.

Jochen Spengler, London
Gesine Dornblüth, Moskau
Hans-Michael Ehl, Kairo
Stefan Troendle, Rom

RADFAHREN

Brüssel +++ Rabat +++ Peking +++ Los Angeles +++ Tokio

Belgien:
Als ich vor 18 Jahren nach Belgien kam, dachte ich: »Das ist das Land des Radrennfahrers Eddy Merckx. Hier werden garantiert alle Fahrrad fahren.« Pustekuchen!

In Brüssel ist durchgesetzt worden, dass man mit dem Fahrrad in Einbahnstraßen auch in der verkehrten Richtung fahren darf. Als ich das neulich bei mir in der Nachbarschaft versucht habe, kam mir eine Frau um die fünfzig im Auto entgegen, blieb stoisch mitten auf der Straße stehen, sodass ich nicht weiterfahren konnte, und rief mir zu: »La rue c'est pour les voitures!« (Die Straße gehört den Autos.) Genau das scheint die Ansicht vieler Belgier zu sein.

Als meine Kinder noch sehr klein waren, hatte ich vorne und hinten jeweils einen Kindersitz auf meinem Fahrrad und habe sie damit in den Kindergarten gebracht. Eines Tages winkte mich ein Polizist zur Seite und ermahnte mich: »Madame, Sie wissen schon, dass das lebensgefährlich ist, was Sie hier machen.«

Marokko:
Ich besitze zwar ein Fahrrad hier in Rabat, aber ich benutze es so gut wie nie. Es ist mir einfach zu gefährlich bei dem Autoverkehr. Am Wochenende sieht man am Rande der Stadt Rennrad-Gruppen, die sich auf die Straße wagen. Die Mitglieder tragen sogar Helme, was hier in Marokko etwas ganz Außergewöhnliches ist.

Es ist rührend, dass man auf den großen Avenuen in Rabat Fahrradwege eingerichtet hat – genutzt werden sie von Rollerfahrern und Autos. Denn wer in Rabat etwas auf sich hält, der fährt Auto. Mit dem Fahrrad lässt sich hier wirklich kein Eindruck schinden – zumindest nicht bei den Mädels.

China:

In Peking fahre ich relativ oft mit dem Fahrrad. Allerdings nicht sonderlich gern, denn man muss höllisch aufpassen, weil man hier an jeder Ecke von einem Auto umgenietet werden kann. Andauernd wird einem der Weg abgeschnitten. Zwar gibt es in Peking Fahrradwege – die sind sogar recht breit –, allerdings muss man ständig gewärtigen, dass einem da jederzeit aus dem Nichts Autos entgegenkommen können. Ich denke dann: »Mein Gott, das ist doch der Fahrradweg!« Aber diese Tatsache kümmert die Autofahrer wenig.

Was man nicht vergessen darf: In Peking ist das Fahrrad ein Zeichen von Armut. Es ist überhaupt nicht cool, Fahrrad zu fahren. Niemand gibt hier mit einem tollen Rennrad, einem schicken Helm und raffinierten Fahrradklamotten an. Nein, das Fahrrad ist ein reines Fortbewegungsmittel. Sobald man es sich irgendwie leisten kann, steigt man sofort auf den Roller um.

USA:

Ich bin stolzer Besitzer eines Beachcruisers – das ist der letzte Schrei hier in Los Angeles. Da sitzt man aufrecht und nicht so buckelig wie auf einem Rennrad. Damit kann man oben ohne am Strand entlangfahren und sich umschauen.

In L.A. erlebt das Fahrrad gerade eine Renaissance. Man sieht hier nicht nur Beachcruiser oder Fixed-Gear-Räder, sondern auch viele Rennräder. Wenn ich morgens gegen halb sieben zur Arbeit fahre, dann kommen mir Hunderte von Rennrädern entgegen – alles kleine Lance Armstrongs.

Neuerdings finden in Los Angeles Fahrradpartys statt. Einmal im Monat kommen 200 bis 300 Fahrradfahrer zusammen, um zu feiern. Nach einer Weile schwingt man sich wieder aufs

Rad, bekommt den neuen Standort durchgegeben und radelt zur nächsten Party. Insgesamt legt man dabei 150 Kilometer zurück – von abends 22 Uhr bis morgens um 4. Das ist der absolute Renner hier.

Japan:
Ich besitze ein Rennrad. Hier am Fluss gibt es einen Radweg, auf dem ich zusammen mit vielen anderen Tokioern fahre. Das ist ein regelrechter Volkssport. Einige fahren sogar in ihrem Business-Anzug durch die Gegend.

Fahrradfahrer in Japan sind eine Klasse für sich. Die machen alles auf ihrem Fahrrad: Sie lesen auf dem Handy, essen unter Umständen sogar, während sie Fahrrad fahren, und bei Regen spannen sie den Schirm auf, dann bleibt manchmal nur wenig Platz, um auszuweichen. Da ist Vorsicht geboten.

Doris Simon, Brüssel
Alexander Göbel, Rabat
Ruth Kirchner, Peking
Jan Tussing, Los Angeles
Peter Kujath, Tokio

RAUCHEN

Mexiko-Stadt +++ Nairobi +++ Rabat +++ Los Angeles +++
Peking

Mexiko:
Ich persönlich rauche, und damit geht es mir hier verhältnismäßig gut. Offiziell herrscht in Mexiko-Stadt zwar Rauchver-
bot, aber nicht im gesamten Land. Außerdem ist es hier eine Art
Volkssport, die paar Regeln, die es in diesem Land überhaupt
gibt, zu brechen.

Es ist sehr auffällig, dass in den Reichenvierteln – und es gibt
hier eine sehr strikte Trennung zwischen Arm und Reich – überall geraucht wird, zum Beispiel in Polanco. Dort wohnen die
Wohlhabenden und die Leute, die in Mexiko das Sagen haben,
und dort kann man sich abends problemlos eine Zigarette anstecken, obwohl überall angeschlagen ist: »Rauchen verboten!«. In
den Bars und Kneipen stehen trotzdem Aschenbecher, denn für
reiche Leute gelten Regeln sowieso nicht. Wenn ein Reicher in
seiner Lieblingsbar raucht, und ein kleiner Polizist würde versuchen, es ihm zu verbieten, würde der Polizist sehr schnell merken, wer hier das Sagen hat.

Kenia:
Ich selbst rauche nicht, aber wenn ich rauchen würde, dann
hätte ich es sehr schwer, da Kenia das schärfste Rauchergesetz
der Welt hat – zumindest rein theoretisch. Inzwischen sehe ich
nämlich die Leute in der Innenstadt schon wieder rauchen. Neulich habe ich interessiert nachgefragt, da wurde mir geantwortet:
»Na ja, das Gesetz gibt es schon noch, aber da kümmern wir uns
nicht mehr darum.«

Was mich immer wieder sehr beeindruckt, das sind die kenianischen Zigarettenpackungen. Die sehen derart gut aus, dass ich es manchmal regelrecht bedaure, nicht zu rauchen. Wenigstens kann ich damit ein paar Leute in Deutschland erfreuen, die noch rauchen.

Marokko:

In Marokko wird überall gequarzt, zu jeder Tages- und Nachtzeit, an allen Ecken und Enden. Für jemanden wie mich, der sein Leben lang Nichtraucher war, ist das sehr gewöhnungsbedürftig. Richtig problematisch finde ich, dass sogar bei der staatlichen Airline, der Royal Air Maroc, auf Nachtflügen hin und wieder eine Nikotinwolke aus dem Cockpit wabert.

Man riecht auch sehr viel Hasch und Marihuana, wenn man in den entsprechenden Ecken von Marokko unterwegs ist. Mir wird oft welches angeboten, aber da muss man höllisch aufpassen. In der Medina gibt es Leute, die einem Marihuana und sonstige Drogen aufdrängen, aber in Wahrheit zum Geheimdienst gehören.

Das Schöne am Rauchen hier ist, dass man über eine Zigarette sehr gut ins Gespräch kommt. Bisher bin ich allerdings noch nicht an dem Punkt, wo ich wegen der Kontaktaufnahme mit dem Rauchen anfangen würde.

USA:

Hier in Los Angeles wird Rauchen extrem stigmatisiert. Wenn man sich öffentlich eine Nadel Heroin in den Arm jagen würde, hätte man in etwa den gleichen sozialen Stellenwert wie ein Raucher.

Bei Verboten sind die Amerikaner recht erfinderisch. So gibt es sogar Städte – Calabasas beispielsweise –, wo man nicht einmal bei sich zu Hause rauchen darf, während es in Santa Monica untersagt ist, sich auf der Straße eine anzustecken. Ohnehin darf man nicht in der Nähe einer Tür oder eines Fensters rauchen, schon gar nicht, wenn eine Schule in der Nähe ist.

Auf der Mainstreet in Santa Monica gibt es dennoch Raucherclubs. Dort erzählte mir jemand, dass er in einem zwölfgeschossigen Hochhaus direkt am Meer wohnt. Allerdings raucht er dort nicht einmal auf dem Balkon, weil der Rauch zum Nachbarbalkon ziehen und er deshalb verklagt werden könnte.

China:
Ich selbst rauche zwar nicht, aber in Peking rauchen fast alle. Nehmen wir an, ich gehe in ein typisches kleines Restaurant. Dort ist es sehr voll und sehr laut. Überall stinkt es nach Zigaretten. Ich schaue wie üblich, wo ich am weitesten von den Rauchern entfernt sitzen kann. Wenn ich schließlich ein Plätzchen gefunden habe, setzt sich garantiert jemand direkt an den Nebentisch und zündet sich eine Zigarette an. Noch während er isst. Dann hält er in der einen Hand die Essstäbchen und in der anderen Hand den Glimmstängel.

Spricht man in Peking mit den einfachen Leuten, dann stellt man fest, dass die es sich überhaupt nicht vorstellen können, dass irgendjemand nicht raucht. Zigaretten sind in China ein soziales Schmiermittel.

Markus Polansky, Mexiko-Stadt
Antje Diekhans, Nairobi
Alexander Göbel, Rabat
Jan Tussing, Los Angeles
Ruth Kirchner, Peking

REGENWETTER

Rabat +++ Stockholm +++ Neu-Delhi +++ London +++
Nairobi

Marokko:

In Rabat regnet es häufig. Wir befinden uns direkt am Atlantik,
deshalb regnet sich hier eine Menge feuchte Luft ab. Manchmal gießt es eine Woche komplett durch, und man fragt sich,
ob diese Sintflut jemals aufhört? Mich wundert es immer wieder, dass hier kaum jemand darauf vorbereitet ist. Beispielsweise
kann man nirgendwo Regenschirme kaufen. Zudem steht hier
in Sekundenschnelle alles unter Wasser, weil die Gullys schnell
überlaufen. Die sind nämlich voller Müll und verstopfen sofort.

Ich finde es schon etwas frustrierend, wenn man sich tage-
lang nur im Nassen aufhalten kann und nicht weiß, ob das die
Häuser überhaupt mitmachen.

Schweden:

Bei diesem Thema kann ich endlich die Gelegenheit nutzen und
mit einem alten Vorurteil aufräumen. Hier an der Ostsee, im
Großraum Stockholm, fällt deutlich weniger Regen als zum Beispiel in Niedersachsen. Ich lebe seit über einem Jahr in Stockholm, und jedes Mal wenn mir norddeutsche Freunde ins Ohr
gejammert haben, dass es bei ihnen schon wieder schüttet und
der ganze Sommer ins Wasser fällt, habe ich aus dem Fenster geschaut – bei uns war stets blauer Himmel und Sonnenschein.

Wenn es in Schweden oder Norwegen regnet, dann ist das
kein Problem für die Skandinavier. Sie sind allerbestens ausge-
rüstet. Hier leben wirklich alle nach dem Motto: Es gibt kein
schlechtes Wetter, es gibt nur schlechte Kleidung. Ganz be-

sonders angesagt sind dabei Gummistiefel. Einige haben mittlerweile ein so hochmodernes Design, dass man sie sogar im Trockenen trägt. Die hippe Stockholmerin trägt sündhaft teure Gummistiefel in rosa oder mit Blümchenmuster – von der richtigen Marke natürlich.

Indien:

Der Monsun ist zunächst einmal die Lebensader Indiens, denn er bringt den Großteil des Wassers im Jahr. Gleichzeitig ist er ein Fluch, weil an manchen Orten solche Mengen Niederschlag fallen, dass es lebensbedrohlich wird. Leider erleben wir jeden Sommer aufs Neue, dass Menschen durch die Wassermassen umkommen.

Ich selbst freue mich immer, wenn es in Neu-Delhi regnet, weil dann die Temperaturen etwas erträglicher werden. Die Wochen vor dem Monsun hat man Dauertemperaturen von 35 bis 40 Grad. Als dieses Jahr die Schleusen aufgingen, war ich gerade einkaufen auf einem großen Markt. Eine halbe Stunde später stand ich knietief im Wasser. Das ist der indische Monsun.

Zu Beginn des Monsuns ist die Freude allgemein groß. Die Leute stehen und schauen in den Himmel. Doch dann sind rasch die Straßen überflutet. Manchmal steht das Wasser sogar in der Ankunftshalle des Internationalen Flughafens. Dann verlangsamt sich das Leben, und die Leute werden genügsamer.

Gerade die Kinder plantschen gern in den Pfützen. Manchmal schwimmen sie sogar in den Straßen, weil sie sehr schnell sehr tief unter Wasser stehen. Ich durfte das ganze Spektakel auch schon im Park erleben. Um mich herum ließen die Menschen ihre Regenschirme zu und haben den Regen einfach nur in vollen Zügen genossen.

Nach dem Monsun fällt der Regen dann nur äußerst spärlich.

Großbritannien:

Es gibt tatsächlich Tage, an denen es rein gar nicht regnet in London. Ansonsten kann es hier in hunderten unterschiedlichen Formen regnen, vom feinen Nieseln bis zum kräftigen Klatschen. Prinzipiell sollte man in London stets mit einem Regenschirm unterwegs sein. Allerdings kann man sich auch damit trösten, dass der Regen meistens schnell vorbeigeht.

Ich war neulich beim Fußballtraining meines Sohnes und hatte nur meinen kleinen Unterwegsregenschirm dabei. Wir waren dann alle froh, dass einige Väter diese Riesendinger herausgeholt haben, unter denen sich gleich drei bis vier Leute versammeln können, so musste ich mich weniger egoistisch fühlen mit meinem kleinen Regenschirm, der mich nur ganz alleine schützen konnte.

Kenia:

Regen kann in Nairobi vor allem für Fußgänger sehr gefährlich sein. Manchmal fehlen nämlich die Gullydeckel, und bei richtigen Sturzfluten sieht man dann die Löcher nicht. Es sind tatsächlich schon Menschen umgekommen, weil sie bei Regenwetter in der Kanalisation verschwanden.

Meines Wissens gibt es leider auch kaum ein Haus in Kenia, das die Regenzeit durchsteht, ohne dass es irgendwo hineinregnet. Auch bei uns ist es Teil der Regenzeit, im Wohnzimmer von einer Ecke in die andere zu springen und die Eimer zu verrücken.

Alexander Göbel, Rabat
Tim Krohn, Stockholm
Sandra Petersmann, Neu-Delhi
Jochen Spengler, London
Antje Diekhans, Nairobi

RUSHHOUR

Moskau +++ Tokio +++ London +++ Rabat +++ Tel Aviv

Russland:
Der Verkehr in Moskau ist ohnehin schon schrecklich, und der Berufsverkehr macht ihn noch ein bisschen schrecklicher. Ich selbst besitze kein Auto, begehe aber immer wieder den Fehler, ein Taxi zu nehmen. Regelmäßig ärgere ich mich dann während der Fahrt, weil wir garantiert im Stau stehen und ich mit der Metro schneller am Ziel gewesen wäre.

Dass Moskau verkehrstechnisch überhaupt funktioniert, ist vor allen Dingen der Metro zu verdanken, die top organisiert ist. Allerdings wird es auch dort zur Rushhour ganz schlimm. Dann ist es dort wahnsinnig voll, laut, eng und stickig. Das betrifft zwei Stunden am Morgen und zwei Stunden am Abend.

Wenn dann während der Rushhour noch der Präsident oder der Premierminister zur Arbeit hin- oder zurückfährt, dann geht gar nichts mehr. Das kann ich gut von meinem Bürofenster aus beobachten und hören. Wir haben hier normalerweise einen enormen Lärmpegel, aber wenn auf einmal Stille einkehrt, dann weiß ich: Die vielbefahrene Straße wurde komplett gesperrt, acht Spuren sind total leer, und irgendwann saust der Präsident mit einer irren Geschwindigkeit vorbei.

Die katastrophale Verkehrssituation in Moskau wird außerdem dadurch verschlimmert, dass bestimmte Leute Vorfahrt haben und alle anderen auf sie warten müssen. Auf breiten Straßen ist die Mittelspur den Beamten vorbehalten, die mit Blaulicht unterwegs sind. Sei der Stau noch so lang, sie dürfen in der Mitte durchfahren. Busspuren hingegen gibt es keine.

Japan:

Die Rushhour beginnt hier gegen sieben Uhr und zieht sich bis neun, halb zehn Uhr. Und das ist kein Vergnügen. Als ich um diese Zeit einmal mit dem Auto aus der Stadt hinausgefahren bin, war der Stau stadteinwärts, an dem ich vorbeikam, bestimmt zehn Kilometer lang. Dort ging rein gar nichts voran. Ich halte es nicht für unwahrscheinlich, dass manche Pendler vier bis fünf Stunden am Tag im Auto sitzen. Tokio ist die größte Metropolregion der Welt, und die Menschen leben nicht im Zentrum, wo sie arbeiten, sondern weit entfernt davon. Die durchschnittliche Anfahrtszeit liegt bei einer Stunde und 45 Minuten.

In der U-Bahn wiederum sind die Leute zur Rushhour eingepfercht, deswegen ist der Kampf um die wenigen Sitzplätze so erbittert in der Früh. Ich versuche stets, mir irgendwo ein Eckchen zu suchen, in dem ich eingeklemmt ausharre. Dass hier alle so dicht zusammenrücken und man den Nachbarn tatsächlich riechen kann, daran will ich mich einfach nicht gewöhnen.

Großbritannien:

Die Rushhour in London dauert nicht nur eine, sondern viele Stunden. Es erfordert einiges an Geduld, wenn man zum Beispiel vom Bahnhof Waterloo ins Bankenviertel will. Man muss sich in viele kleine Schlangen vor den U-Bahn-Türen anstellen und meistens vier bis fünf U-Bahnen passieren lassen, ehe man sich selbst in eine hineinquetschen kann. So groß ist der Andrang.

Überhaupt kein Verständnis hat man deshalb für Touristen übrig, die sich zur Rushhour auch noch in die U-Bahn drängen, vor allem, wenn sie Rucksäcke dabei haben, mit denen sie überall anrempeln. Zwar sagt keiner etwas, aber es fallen eindeutige Blicke.

Wenn es irgendwie möglich ist, versuche ich, die Rushhour-

Zeiten zu meiden. Manchmal kann ich es natürlich nicht umgehen. Dann muss ich meine deutsche Ungeduld ab- und mir die britische Gelassenheit zulegen. Nur so geht es. Hätte man die Chance, einen Tee zu trinken, dann würde man einen Tee trinken dabei.

Und mit dem Auto sollte man sich sowieso gar nicht nach London wagen.

Marokko:

Wenn ich unser Studio verlasse, steige ich nach etwa 15 Metern mit meinem Auto direkt in die Rushhour ein und komme dann eine Zeit lang auch nicht wieder raus.

Einmal habe ich, um den Berufsverkehr zu umgehen, mein Fahrrad mit meinen gesamten Arbeitsgerätschaften bepackt. Das Fahrrad fungierte als Lastesel und wurde von mir nach Hause geschoben. Mit einem Schmunzeln auf den Lippen bin ich so an den entnervten Autofahrern vorbeigerollt und habe mir schadenfroh das Hupkonzert angehört.

Staus versuchen die Polizisten per Hand zu regeln. Wobei sie auf beiden Augen blind zu sein scheinen. Da machen Autofahrer beispielsweise eine fünfte Spur auf, um am Stau vorbei an die Ampel zu gelangen, und sie lassen es einfach geschehen. Für mich ist das wirklich abenteuerlich.

Israel:

Als Autofahrer ist man in Tel Aviv der Dumme. Trotzdem fahren viele Leute Tag für Tag mit dem Auto, das begreife ich nicht. Ich schaue mir die Autobahn aus der Ferne an, sehe dort zur Rushhour einen Stau von etwa 15 Kilometern Länge – und steige auf mein Fahrrad. Das ist dann immer ein innerer Vorbeimarsch, wenn ich mit dem Rad zügig an den Staus vorbeirolle.

Dieses aggressive Hupen, das wir aus Deutschland kennen, gibt es auch hier. Zugleich aber hört man das orientalische Hupen. Das bedeutet nicht Gefahr, sondern einfach nur: »Hallo, hier bin ich, und wo bist du?« Das ist lediglich eine Form der Kommunikation.

Gesine Dornblüth, Moskau
Peter Kujath, Tokio
Jochen Spengler, London
Alexander Göbel, Rabat
Sebastian Engelbrecht, Tel Aviv

TOILETTEN

Tokio +++ Moskau +++ Kairo +++ Neu-Delhi +++
Stockholm

Japan:
Die japanischen Toiletten werde ich auf jeden Fall vermissen,
wenn ich fortgehe. Sowie die Tatsache, dass ich überall eine
finde. Ob das im Park ist oder am Fluss, wo ich gern spazieren
gehe. In jedem Kaufhaus, in jedem Geschäft gibt es eine öffentliche Toilette.

Die Toiletten in Japan sind Hightech. Zunächst öffnet sich
der Toilettendeckel von alleine, wenn man an die Toilette tritt.
Dann finde ich es besonders im Winter äußerst angenehm, dass
die Klobrille in der Regel beheizt ist. Wenn man sich draufsetzt,
passiert im Grunde alles von selbst. Man muss nur aufpassen,
dass man die richtigen Knöpfe drückt, um zum Bespiel den Was-
serstrahl ein- oder auszustellen. Zum Schluss wird alles vollau-
tomatisch gereinigt – nicht nur die Toilette, sondern man selbst
auch.

Früher hatte man in Japan Klos, bei denen man in die Hocke
gehen musste, um sein Geschäft zu verrichten. Heute dagegen
soll es so komfortabel wie nur möglich sein. Deshalb gibt es bei
den Hightech-Klos auch einen Button für Geräusche oder Musik, damit man das Geplätscher nicht hört sowie einen Button,
mit dem man Duftstoffe freisetzen kann.

Russland:
Die öffentlichen Toiletten in Moskau sind mittlerweile ein ange-
nehmes Thema. Neulich jedoch war ich im Ural unterwegs. Wir
hielten an einer Raststätte. Es war eisig, und ich suchte eine To-

ilette. Als ich feststellte, dass sie draußen war, ahnte ich schon Schlimmes. Ich bin trotzdem um die Ecke gegangen und erblickte ein Klo, wie es früher in Russland sehr verbreitet war. Ein Häuschen mit einem Loch im Boden, keine Tür und rundherum Zustände, die es mich bis zur nächsten Toilette aushalten ließen. Viele Russen verwenden auch für ihre Sommerhäuschen keine Wasserklosetts, sondern Plumpsklos.

Wenn man ganz korrekt nach einer Toilette fragen möchte, dann fragt man nach den »Bequemlichkeiten«. Ansonsten kann man auch fragen, ob man sich mal die Hände waschen darf.

Die Leute, die hier die öffentlichen Toiletten reinigen, sind meistens Ausländer, oft sehr schlecht bezahlte Zentralasiaten.

Ägypten:

Toiletten in Kairo – das ist ein unappetitliches Thema. Ich habe selten so viele Männer in der Öffentlichkeit ihre Notdurft verrichten sehen wie hier. Wenn ich am Nilufer entlanggehe, muss ich über eine Brücke, auf der ich immer die Luft anhalte, bis ich auf der anderen Seite bin. Der Gestank dort ist unerträglich. Unter dieser Brücke verrichten zahllose Ägypter ihre Notdurft, dabei gibt es an jeder Moschee Toiletten, die meist in einem sehr guten Zustand sind.

Indien:

»Geh immer auf die Toilette, wenn du eine siehst, und nicht erst, wenn du musst.« Diese Grundregel sollte man in ganz Indien unbedingt beherzigen.

Über 600 Millionen Menschen der indischen Milliardenbevölkerung haben keinen Zugang zu Toiletten. Das bekommt man spätestens dann zu spüren, wenn man reist. Üblicherweise muss man sich dann in die Büsche schlagen, weil es zumeist keine Toiletten gibt. Findet man dann doch eine, ist sie so verdreckt, dass man freiwillig in die Büsche geht. Außerdem sind die wenigen öffentlichen Toiletten Männern vorbehalten. Für

Frauen gibt es einfach keine. Frauen leben in der indischen Vorstellung nach wie vor ausschließlich an Heim und Herd.

Schweden:

Gerade gestern war ich lange spazieren in Stockholm, und wieder einmal ist mir aufgefallen, dass es wenige öffentliche Toiletten gibt.

In Schweden sind die Toiletten generell unisex. Auch die öffentlichen Toiletten sind also nicht in Männer- und Frauenräume unterteilt. Da kann ich nicht mal eben rein, mich neben die anderen Kerle stellen, pinkeln und tschüss. Ich muss mich anstellen wie die Frauen auch, so lange, bis eine Kabine frei ist. Die Frauen kennen das nicht anders und haben damit kein Problem.

Im Normalfall sind die Toiletten sauber, denn das gesittete Sitzen auf dem Klo ist hier weit verbreitet.

Auf den öffentlichen Toiletten im Zentrum von Stockholm findet man tatsächlich auch noch Toilettenfrauen. Ansonsten lieben die Schweden Maschinen. Sie stecken ihr Geld eher in eine Maschine, als dass sie es einer Frau auf die Untertasse legen.

Peter Kujath, Tokio
Gesine Dornblüth, Moskau
Hans-Michael Ehl, Kairo
Sandra Petersmann, Neu-Delhi
Tim Krohn, Stockholm

TRAUER

Warschau +++ Tokio +++ Nairobi +++ Shanghai +++
Neu-Delhi

Polen:
Wenn man Angehörige verloren hat, gibt es in Polen unterschiedliche Arten zu trauern, je nachdem, ob man in der Stadt
lebt oder auf dem Land. Auf dem Land wird der Tote drei Tage
lang aufgebahrt, damit Verwandte, Bekannte und Nachbarn Ab-
schied nehmen können. In den Städten kann es durchaus passieren, dass selbst nahe Kollegen am Arbeitsplatz nicht erfahren,
wenn jemand trauert. Es ist in Polen nicht üblich, die ganze Zeit
Schwarz zu tragen oder seine Trauer überhaupt jemandem mit-
zuteilen.

Japan:
Todesfälle sind die einzigen Gelegenheiten, bei denen ich jemals Japaner habe weinen sehen.

Die Totenrituale laufen hier nach buddhistischer Tradition
ab. Auf Hausaltären steht ein Bild des Verstorbenen. Dort betet
man für ihn und bringt Geschenke, zum Beispiel Sake, den japanischen Reiswein. Außerdem wird zu regelmäßigen Zeiten ein
Glöckchen geläutet.

Die Gäste bei Trauerfeiern bringen den Hinterbliebenen eine
Summe Geld mit, wobei die Hälfte des Geldes von den Hinterbliebenen zurückgelegt werden muss, weil in Japan jedes Geschenk mit einem Gegengeschenk zu beantworten ist. Und das
muss ungefähr die Hälfte des Geschenks wert sein.

Kenia:

Beerdigungen in Kenia sehen oft ganz anders aus als in Deutschland, weil hier das Trauern mit einer gewissen Art von Fröhlichkeit einhergeht. Am Viktoriasee, bei der Volksgruppe der Luo, gibt es die Tradition der Beerdigungsdiscos. Dort wird die Beerdigung zu einer vergnüglichen Feier. Der Tod gilt den Luo als nur eine von vielen Lebensstufen, deshalb feiern sie den Übergang in die nächste Phase. Statt nach der Beerdigung traurig bei einem trockenen Stück Kuchen zusammenzusitzen, wird gegrillt, die Musikanlage angeschmissen und ausgelassen getanzt – zu den Klängen des Beerdigung-DJs, das ist dort sogar ein eigener Beruf.

Ansonsten ist am Viktoriasee nicht viel los. Für die Jugendlichen sind deshalb die Beerdigungspartys eine gute Gelegenheit, einander kennenzulernen.

China:

Chinesen tragen ihre Emotionen kaum nach außen. Bei der Trauer um einen Toten ist das allerdings oft anders. Auf Beerdigungen weinen die Chinesen richtig laut und für alle sichtbar, das ist eine Art Ehrbezeugung gegenüber dem Verstorbenen. Es gibt sogar professionelle Klageweiber und -männer, die bezahlt werden, damit sie auf der Beerdigung extra laut weinen und dadurch ein Trauergefühl verbreiten. Nach der Beerdigung gibt es ein großes Essen, bei dem die Gäste den Hinterbliebenen rote Umschläge mit Geld übergeben.

Die traditionelle Trauerfarbe in China ist übrigens nicht Schwarz, sondern Weiß.

Die Chinesen pflegen die uralte Tradition der Ahnenverehrung. In alten Bauernhäusern hat man häufig eine Ecke – in großen Häusern kann das sogar ein ganzer Raum sein –, wo der Vorfahren gedacht wird. Dort hängen Bilder von den Verstorbenen, oft von mehreren Generationen. Es werden Räucherkerzen angezündet, und wenn der Verstorbene Raucher war, legt man dort auch Zigaretten hin.

Indien:

Der Großteil der Bevölkerung Indiens – etwa neunzig Prozent – sind Hindus. Ihr Glaube an die Wiedergeburt bedeutet auch, dass der Tod der Beginn von etwas Neuem ist, deshalb beeilt man sich, den Verstorbenen noch vor dem nächsten Sonnenuntergang zu bestatten. Er wird auf einem Scheiterhaufen verbrannt, und seine Asche streut man, wenn irgend möglich, in den heiligsten aller Flüsse, den Ganges. Da die Trauerfarbe der Hindus Weiß ist, wird der Tote vor seiner Einäscherung in ein weißes Tuch gehüllt.

Als ich in Varanasi mit dem Boot auf dem Ganges unterwegs war, sah ich zahllose Scheiterhaufen am Ufer brennen. Die Familien begehen dieses Ritual des Abschiednehmens mit großer Ruhe. Die intensive Trauerzeit in der Familie dauert 23 Tage. Währenddessen sind die Söhne gehalten, sich die Haare abzurasieren.

Sabine Adler, Warschau
Peter Kujath, Tokio
Antje Diekhans, Nairobi
Markus Rimmele, Shanghai
Sandra Petersmann, Neu-Delhi

TRINKWASSER

Neu-Delhi +++ Tokio +++ Nairobi +++ Moskau +++ Rabat

Indien:

Das Trinkwasser in Indien hat keine gute Qualität. Uns wird eindringlich davon abgeraten, Wasser aus der Leitung zu trinken. Jeder, der es sich leisten kann, benutzt zu Hause einen Wasserfilter. Ansonsten muss das Trinkwasser aus dem Hahn – sofern man es Trinkwasser nennen möchte – unbedingt abgekocht werden. Vorher wasche ich damit noch nicht einmal mein Gemüse. Ich verwende es bestenfalls zum Kaffee- und Teekochen.

In Indien sind Millionen von Menschen von jeglicher Wasserversorgung abgeschnitten und müssen ihr Wasser von Flüssen oder Brunnen holen. Dessen Qualität ist aufgrund der vielerorts mangelnden Kanalisation hochproblematisch. Besonders Kleinkinder mit ihrem noch nicht voll entwickeltem Immunsystem sterben an Magen- und Darmkrankheiten.

Gerade gestern sprach ich mit einem indischen Kollegen über dieses Thema, und er meinte, man kann dieses Wasser hier durchaus ertragen, wenn man es von klein auf gewöhnt ist. Nur die Westler, so der Kollege, bekommen sofort den sogenannten Delhi-Belly, also den Neu-Delhi-Bauch. Den wünscht man wirklich keinem, erlebt ihn in der Tat aber oft bei Indienreisenden.

Japan:

Man kann in Tokio das Trinkwasser ohne Bedenken trinken. Witzig ist, dass der Tokioer Gouverneur Werbung mit dem Trinkwasser der Stadt macht. Mir persönlich schmeckt es aber nicht. In Japan stehen allerdings sowieso überall Automaten, an denen man sich etwas zu trinken kaufen kann. Insofern ist das mit dem Trinkwasser aus dem Wasserhahn, wie wir das kennen, nicht verbreitet.

Nach Fukushima waren die Japaner mit dem Trinkwasser im Nordosten Japans vorsichtiger und überlegten es sich zweimal, ob sie es nicht besser meiden sollten. Damals wurden auch die Wasserflaschen in den Supermärkten rationiert. Das normalisierte sich aber sehr schnell wieder.

Kenia:

In Kenia ist das, was aus der Leitung kommt, beileibe kein Trinkwasser. Das sollte man noch nicht einmal probieren. Man muss wirklich extrem vorsichtig damit umgehen, nur wenn man es lange genug abkocht, kann man es trinken. Das abgefüllte Wasser dagegen ist meistens in Ordnung.

Reisen in Kenia erfordert eine gute Planung, denn man muss immer genug Wasser dabeihaben. Abends irgendwo anzukommen und ins Hotelbett zu fallen, ohne Trinkwasser vorrätig zu haben, das geht nicht. Auch wenn man an einem kleinen Laden auf dem Land Halt macht und Wasser kaufen möchte, kann das schwierig werden. Oft bekommt man dort nur süße Limonaden. Wasser pur zu trinken, finden die Kenianer nämlich nicht so spannend. Flüssigkeit wird hier hauptsächlich in Form von Tee oder Limonade zu sich genommen.

Russland:

Wahrscheinlich könnte man das Wasser hier in Moskau aus der Leitung trinken, doch ich tue es lieber nicht. Ich bilde mir ein, es wäre ungesund. Bei uns im Haus hat mich ein Nachbar milde lächelnd gefragt, ob ich tatsächlich glauben würde, dass das Wasser in den Flaschen aus natürlichen Quellen stammen würde. Seiner Meinung nach ist das nichts anderes als abgefülltes Wasser aus dem Hahn.

Wir verwenden hier Sieben-Liter-Kanister, die wir alle paar Tage nach Hause schleppen. Der moderne Moskauer jedoch lässt sich mittlerweile das Wasser nach Hause liefern und hat dort dann Berge von leeren Plastikflaschen liegen. Ich mag gar nicht daran denken, was damit passiert.

Marokko:
Die Wasserqualität ist in Rabat gar nicht so übel. Das Problem sind nur die vielen alten Wasserleitungen hier. In meiner früheren Wohnung waren sie zum Beispiel komplett durchgerostet, weshalb ich Rost im Glas und rosa Wäsche hatte.

Marokko ist ein sehr wasserreiches Land. Die Menschen auf dem Land leiten ihr Wasser entweder aus Stauseen ab oder holen es aus Brunnen. Ich persönlich würde dieses Wasser allerdings nicht trinken, damit fängt man sich nur alle möglichen Keime ein.

Sandra Petersmann, Neu-Delhi
Peter Kujath, Tokio
Antje Diekhans, Nairobi
Gesine Dornblüth, Moskau
Alexander Göbel, Rabat

UMZUG

Stockholm +++ Kairo +++ Tokio +++ Neu-Delhi +++ Moskau

Schweden:
Umziehen ist in Schweden überhaupt kein Problem. Bei mir organisierte das ein Umzugsunternehmen, und schwuppdiwupp waren die Möbel am richtigen Ort.

Allerdings ist ein Umzug ganz schön teuer in Schweden. Wenn man nicht so viel ausgeben möchte, mietet man sich einen kleinen Transporter und trommelt alle Freunde und Kollegen zusammen, damit die die Kisten schleppen. Im Moment sind hier Umzugs-Aufrufe bei Facebook sehr beliebt, dabei werden die Umzüge als großes, offenes Event angekündigt. Oft steckt jedoch die blanke Not dahinter, weil nicht genügend Freunde mit anpacken wollen.

Ganz wichtig bei einem Umzug ist die alte Tradition des *flyttgröt. Flytt* heißt Umzug, und *gröt* bedeutet so viel wie Brei. Die Tradition besagt, dass einer der Freunde für etwas Warmes zu essen sorgen muss. Früher war das Haferschleim, Haferbrei, Hauptsache es war warm. Heute wird eher Pizza geordert, doch der Begriff hat sich gehalten. *Flyttgröt* muss immer dabei sein.

Ägypten:
Ein Umzug ist ein echtes Erlebnis in Ägypten. Als ich nach Kairo gezogen bin, stand ich am Fenster und hielt nach dem Möbelwagen mit meinen Siebensachen Ausschau. Was dann kam, war ein Pick-up mit meinem ganzen Kram auf dieser kleinen Ladefläche, und obenauf lag meine festgezurrte Matratze.

Es gab dann genau zwei Möglichkeiten. Die erste: Ich sage zu den Möbelträgern: »Danke, ihr könnt jetzt nach Hause fahren!« Dann gibt man ihnen ein Trinkgeld und trägt die Sachen mit ein paar Bekannten selbst ins Haus. Zweite Möglichkeit: Ich lasse die Mitarbeiter der Umzugsfirma meine Sachen tragen, muss sie dabei aber ständig zur Vorsicht gemahnen. Ich entschied mich für Möglichkeit zwei. Ich habe fast gebrüllt, als ich sah, wie die Männer mit dem Hammer auf die Platte des Tischs gehauen haben, den sie aufbauen sollten. Einer von ihnen meinte: »Warum regst du dich auf? Das ist überhaupt kein Problem.« Er nahm einen Filzstift aus der Tasche, malte damit über den Kratzer und sagte, dass man nun doch gar nichts mehr sähe.

Japan:

In Japan gibt es sehr viele Umzugsunternehmen, die sogar kleinste Umzüge übernehmen. Insofern ist es kein Problem, schnell jemanden zu finden, sogar von einem Tag auf den anderen. Die Japaner haben in der Regel nicht viel Platz, deshalb wird ohnehin nicht sonderlich viel hin und her transportiert.

Die Transporteure gehen hier unglaublich vorsichtig mit allem um und legen als Erstes den gesamten Bereich mit Teppichen aus. Bei unserem Umzug war eine schwere Kommode dabei, die von vier Leuten getragen werden musste. Das war nicht unkompliziert, weil zuerst die vorderen beiden Träger an der Schwelle ihre Schuhe auszogen, und als die hinteren so weit waren, mussten auch sie ihre Schuhe ausziehen. Dadurch stockte das Ganze andauernd.

Die Tradition, dass man anderen beim Umzug hilft, existiert hier nicht. Ein Japaner würde nie jemand anderen darum bitten.

Indien:

Ich bin aus Köln mit 300 Kilogramm Luftfracht nach Neu-Delhi gezogen. Das waren 17 Kartons, die ich eigentlich nur noch auszuräumen brauchte, die Umzugsfirma hat mir alles in die Wohnung gestellt.

Da Indien sehr arbeitsteilig funktioniert, würde man hier nie auf die Idee kommen, beim Umzug mitzuhelfen. Hätte ich nämlich irgendetwas selbst die Treppe hochgetragen, hätte jemand anderes weniger Geld bekommen. Das wäre Jobkilling gewesen.

Russland:

Moskau ist eine außergewöhnlich serviceorientierte Stadt. In dieser Hinsicht hat sich sehr, sehr viel getan in den letzten Jahren. Wenn man einen Umzug bei einem seriösen Unternehmen in Auftrag gibt, wird er korrekt und rasch ausgeführt. Als ich hierhergezogen bin, waren die Möbelträger überaus höflich und haben auch nichts beschädigt.

Ansonsten ist Wohnraum in Moskau enorm teuer. Wenn man einmal etwas Schönes und halbwegs Bezahlbares gefunden hat, dann bleibt man in der Regel dort, deshalb wird nicht sonderlich oft umgezogen.

Tim Krohn, Stockholm
Hans-Michael Ehl, Kairo
Peter Kujath, Tokio
Sandra Petersmann, Neu-Delhi
Gesine Dornblüth, Moskau

PRIVATES

BEDIENSTETE

Rabat +++ Warschau +++ Tokio +++ Peking +++
London +++ Tel Aviv

Marokko:
Bedienstete in Rabat, das ist ein tragisches Thema. Meinem Eindruck nach herrscht bei vielen Marokkanern in dieser Hinsicht ein fast feudales Gebaren vor. Die Arbeitgeber glauben, dass sie mehr wert sind. Ihr Motto: »Ich kann mir *dich* leisten.« Im wahrsten Sinne: »Ich kann mir *dich* kaufen.«

Erschütternd ist auch die Tatsache, dass viele Mädchen von ihren Vätern in die großen Städte geschickt werden, in der Hoffnung, dass sie Geld nach Hause bringen. Und diese Mädchen müssen dann mit ihren zehn oder elf Jahren in Familien hart arbeiten.

Polen:
Mit den Putzfrauen in Polen verdirbt man es sich besser nicht, wenn man möchte, dass sie wiederkommen. Unsere Putzfrau hier im Büro ist sehr selbstbewusst. Sie bläst einem den Marsch, wenn man beispielsweise das Papier in den verkehrten Container geworfen hat. Andererseits ist sie eine echte Perle.

In meinem Wohnhaus arbeitet die Concierge Pany Irene. Mit Pany Irene stellt man sich am besten gut. Sie sieht aus wie ein Hausdrachen, ist aber nicht wirklich einer – zumindest nicht bei den Leuten, die hier wohnen. Jeder Mieter in unserem Haus weiß ihre Dienste zu schätzen. Sie passt peinlich genau auf, wer hier ein- und ausgeht, und fragt gerne auch mal nach. Ansonsten ist sie rührend.

Ich habe in Polen noch nie erlebt, dass Personal von oben

herab behandelt wurde. Wahrscheinlich ist das noch ein Überbleibsel aus kommunistischen Zeiten, in denen alle Brüder und
Schwestern waren.

Japan:

Bedienstete sind kein großes Thema in Japan. In den Reichenvierteln gibt es sie zwar. Das sind dann Frauen von den Philippi-
nen oder aus Thailand, die im Haushalt oder bei der Pflege der
Großeltern helfen. Bedienstete sind in gewisser Weise ein Statussymbol. Doch das wird in Japan nicht sonderlich nach außen
getragen.

Hier in meiner Wohnnähe gibt es auch ein paar wohlha-
bende Menschen. Dort fährt regelmäßig ein Firmenwagen vor,
aus dem eine Putzkolonne von vier, fünf Frauen aussteigt, das
Haus einmal komplett säubert und dann wieder abfährt.

In den größeren Wohnblocks in Tokio teilt man sich das Reinigen. Dort ist jeder nacheinander an der Reihe, den Hausflur
zu wischen. Und den Haushalt macht man in Japan in der Regel eher selbst.

China:

Ich habe eine chinesische Haushaltshilfe. Wir nennen sie
»Ayi« – das ist das chinesische Wort für Tante. Ayi stammt aus
der zentralchinesischen Provinz Anhui und ist als Wanderarbeiterin nach Peking gekommen. Sie putzt, kocht, wäscht und
kümmert sich um meine Kinder. Als Wanderarbeiterin besitzt
sie jedoch keine Pekinger Wohnberechtigung, sondern wird
hier nur geduldet. Ihre eigenen beiden Kinder musste sie in Anhui zurücklassen, weil sie die als Wanderarbeiterin hier nicht zur
Schule schicken darf.

Ohne Ayi wäre ich, glaube ich, ziemlich aufgeschmissen. Sie
ist das gute Herz bei uns zu Hause und immer da, wenn wir sie
brauchen.

Großbritannien:
Also ich konnte mir bislang keinen Butler leisten, da muss man ein paar Millionen mehr verdienen als ich. Aber ich weiß, dass es noch Butler gibt. Die Queen hat nämlich unlängst ein Anzeigengesuch für einen verschwiegenen Butler geschaltet.

Eine Putzfrau jedoch kann ich mir leisten. Sie stammt wie fast alle Bediensteten hier aus Osteuropa, in unserem Fall aus der Ukraine. Sie kam vor 15 Jahren nach Großbritannien und zog hier ihre Kinder groß. Ihre Tochter studiert inzwischen und möchte Investment-Bankerin werden. Mit ihrem Putzjob bei uns finanziert sie ihr das Studium.

Israel:
Lange Zeit waren es Palästinenser, die hier die Häuser sauber gemacht haben. Das hat sich vor etwa 15 Jahren geändert. Seit dem zweiten Palästinenseraufstand ist für die Israelis jeder, der irgendwie palästinensisch/arabisch aussieht, ein potenzieller Attentäter.

Im Stadtbild von Tel Aviv sieht man außer den arabischen Treppenhausreinigern auf ihren Fahrrädern kaum Araber. Die meisten Putzjobs werden in Israel von Philippinas oder Thailänderinnen ausgeführt.

Alexander Göbel, Rabat
Sabine Adler, Warschau
Peter Kujath, Tokio
Ruth Kirchner, Peking
Jochen Spengler, London
Sebastian Engelbrecht, Tel Aviv

BÜCHER

Neu-Delhi +++ Prag +++ London +++ Tokio +++ Tel Aviv

Indien:

In Indien sind noch immer gut dreißig Prozent der Bevölkerung Analphabeten, die sicherlich niemals ein Buch in die Hand nehmen werden.

Indische Autoren, die auf Englisch schreiben, las ich schon, bevor ich nach Indien gegangen bin, gern, Salman Rushdie und andere, in Deutschland weniger bekannte.

In Neu-Delhi finden jede Woche Lesungen statt, bei denen aktuelle Bücher vorgestellt werden. Die Gäste dort sind aber zumeist Ausländer wie ich oder Inder aus der gebildeten Mittelschicht, die im Ausland studiert haben.

Tschechien:

Die Tschechen, und ganz speziell die Prager, sind absolute Leseratten. Man hat einmal recherchiert: Der Prager liest mehrere Bücher im Monat.

Schon am Morgen wird man regelrecht dazu gezwungen, zu lesen, denn muntere Konversation in der Straßenbahn findet hier nicht statt. Man ist sehr still und in sich gekehrt und nur mit seinem Buch beschäftigt.

In Prag finden regelmäßig Buchmessen und Literaturfestivals statt, die sich großer Beliebtheit erfreuen. Die Lesungen sind stets gerammelt voll.

Großbritannien:

Ich komme selten dazu, in Buchhandlungen zu stöbern. Erstens gibt es nicht so viele hier in London, und zweitens sind die meisten Buchhandlungen eher langweilig, weil es sich dabei um riesige Filialen handelt.

Es gibt natürlich Pflichtlektüren wie Tony Blairs Autobiografie. Wenn man allerdings wie ich täglich vier britische Zeitungen plus den Economist lesen muss, bevorzugt man abends zur Entspannung dann doch deutschsprachige Literatur.

Japan:

Das Internet macht es möglich, dass ich mir hier auch deutsche Bücher bestellen kann. Im Alltag verkehre ich fast ausschließlich mit Japanern, da ist es wichtig, dass man hin und wieder zur eigenen Sprache zurückkehrt.

Japanische Bücher zu lesen, ist wirklich schwierig. Dazu muss man der *Kanji*, der japanischen Schriftzeichen, mächtig sein. 2000 muss man beherrschen, bevor man eine Zeitung lesen kann. Für ein Buch sind es sogar noch mehr.

Ich bin immer froh, wenn ich in der Bahn Japaner in einem ordinären Buch blättern sehe, oftmals mit wunderschönem Einband. Ja, Bücher gibt es noch eine ganze Menge. Auf der anderen Seite liegt es hier im Trend, Handyromane zu lesen, kurze Folgen, die fortlaufend geschrieben werden und bei denen auch die Leser selbst mitschreiben können. In Japan existieren zwei Welten nebeneinander: die Hightech-Welt und die Welt des guten alten Buches.

Israel:

Mein liebstes Antiquariat wurde leider unlängst geschlossen: das deutsche Antiquariat Landsberger, das letzte deutsche Antiquariat in Tel Aviv. Es lag in einer Gegend, die früher vor allem von deutschen Juden bevölkert war. Juden, die in den dreißiger Jahren ausgewandert sind, vor allem aus Berlin.

In meinem Lieblingsantiquariat war die gesamte klassische deutsche Literatur zu finden. Heute sind alte deutsche Bücher hier nicht mehr gefragt. Als ich einmal die Gordon Straße in

Tel Aviv entlanglief, sah ich plötzlich am Wegrand haufenweise deutsche Bücher liegen. Offenbar der Nachlass eines deutschen Juden, dessen Kinder damit nichts anzufangen wussten. Die Bücher lagen verstreut wie Sperrmüll auf der Straße in der Nähe des Hundekots. Es waren alte Bibelübersetzungen, Beschreibungen deutscher Städte, ein Buch von Rolf Hochhuth. Man sah geradezu die Umrisse dieses Menschen, dem die Bücher einmal gehörten. Und plötzlich lag das auf der Straße, als würde dort auch seine Persönlichkeit liegen. Das hat mich ziemlich traurig gestimmt. Das alte, deutsche Judentum ist schlicht am Aussterben.

Hebräische Literatur lese ich kaum, das geht einfach viel zu langsam. Ich greife eher auf englische Übersetzungen zurück.

Sabina Matthay, Neu-Delhi
Stefan Heinlein, Prag
Jochen Spengler, London
Peter Kujath, Tokio
Sebastian Engelbrecht, Tel Aviv

FAMILIENBANDE

Johannesburg +++ Moskau +++ Los Angeles +++
Tel Aviv +++ Istanbul

Südafrika:

Man muss in Südafrika zwar nach wie vor unterscheiden zwischen Schwarzen und Weißen, aber beim Thema Familie sind sich alle einig: Die Familie ist das Wichtigste im Leben. Erst kommt die Familie, und dann kommt lange gar nichts.

Insbesondere bei schwarzen Familien ist der Zusammenhalt sehr stark. Die Kinder leben häufig lange bei den Eltern, weil sie es sich gar nicht leisten könnten, auszuziehen. Umgekehrt ist es aber auch so: Ich kenne viele junge Menschen, die von dem bisschen Geld, das sie verdienen, noch etwas nach Hause schicken, um ihre Familie zu unterstützen.

Jeder konservative Mensch aus Deutschland würde sich in Südafrika wohlfühlen. Die hiesige Gesellschaft ist nämlich stark patriarchalisch geprägt. Der Mann ist das traditionelle Familienoberhaupt.

Russland:

In Russland ist der Familienzusammenhalt noch sehr viel stärker ausgeprägt als in Deutschland. Die Institution Babuschka ist dabei ganz eng mit der Institution Datscha verbunden. Ich glaube, es gibt nur sehr wenige Russen, die nicht die Sommer ihrer Kindheit bei den Großeltern in der Datscha verbracht haben.

Am Sonntag sieht man hier in Moskau oft alte Frauen mit ihren Enkeln durch die Stadt gehen und sich Museen anschauen. Für die Russen ist es enorm wichtig, dass die Generationen engen Kontakt pflegen.

USA:

Viele US-amerikanische Familien sind allein deshalb sehr zerrissen, weil sie weit voneinander entfernt wohnen. Die USA ist einfach ein riesengroßes Land. Ein Flug von Los Angeles nach New York dauert mehr als fünf Stunden, und in dieser Zeit fliegt man über diverse Bundesstaaten hinweg. Diese sogenannten Flyover States sind wiederum Gebiete, in denen die Menschen häufig bleiben, wo sie geboren sind. Dort findet man dann Großfamilien. Anders ist es in den Großstädten an der Ost- und Westküste.

In den USA leben viele Menschen in Patchwork-Familien. Wenn man sich mit Leuten über ihre Eltern unterhält, wird rasch klar, dass die meisten nicht zwei, sondern vier Eltern haben und viele Halbgeschwister. Diese Familienstruktur ist weitverbreitet und bedarf vor allen Dingen eines guten Managements.

Israel:

Ich habe den Eindruck, dass die Familienzusammengehörigkeit in Israel stärker ist als bei uns in Deutschland. Am sichtbarsten ist das am Sabbat, an dem sich die Familie jede Woche zum Essen trifft. Die Kinder haben keine Ausrede, weil das Land nicht besonders groß ist. Man kann es immer schaffen, zu den Eltern zu fahren, und das wird auch erwartet.

Der Familienzusammenhalt in Israel wird auch anhand der Frage deutlich: Mit wem würdest du dich bei einer schwierigen Entscheidung beraten? Die meisten antworten: Natürlich mit meinen Eltern.

Oft stellen die Eltern das Geld für den Wohnungskauf der Kinder bereit. Daraus ergibt sich eine gewisse Abhängigkeit von den Eltern. Immer mehr junge Leute machen sich aber heutzutage für eine gewisse Zeit auf nach Berlin oder in ähnliche Städte, um den typischen israelischen Erwartung zu entgehen: früh heiraten, sich von den Eltern Geld borgen und eine Familie gründen. Das ist manchen jungen Menschen dann doch zu eng.

Türkei:

Die Familien halten in der Türkei sehr stark zusammen. Das gilt nicht nur für die engere Familie – also Eltern und ihre Kinder –, sondern für die gesamte Großfamilie. Sie hat beispielsweise nach wie vor großen Einfluss darauf, wen die Nachkommen heiraten. Vor allem im ländlichen Raum werden die Ehen oftmals noch arrangiert. Passt ein freigewählter Partner nicht in die Vorstellungen der Familie, kann es hingegen äußerst schwierig werden und endet nicht selten damit, dass die Kinder verstoßen werden. Diese machen sich oft in die Großstädte wie Istanbul oder Izmir auf und führen dort ihr eigenes Leben, ohne jeglichen Kontakt zur Familie. Die meisten sind darüber aber ziemlich traurig, weil jeder Türke im Normalfall engen Kontakt zur eigenen Familie pflegt. Ausgestoßen zu sein ist für die Betroffenen letztlich ein großer Makel.

Jan-Philippe Schlüter, Johannesburg
Gesine Dornblüth, Moskau
Nicole Markwald, Los Angeles
Christian Wagner, Tel Aviv
Thomas Bormann, Istanbul

FERNSEHEN

Los Angeles +++ London +++ Moskau +++ Tel Aviv +++
Johannesburg

USA:
In den USA flimmert die Kiste, wo man geht und steht: im Restaurant, im Flughafen – überall hängen Fernsehschirme herum.

Als selbsternanntes Mutterland des Fernsehens bieten die USA natürlich TV-Kanäle für sämtliche Bedürfnisse. Wenn ich mich ausschließlich über das Wetter informieren will: kein Problem. Interessiere ich mich für Kochen, kann ich den lieben langen Tag Kochsendungen schauen. Außerdem gibt es Sender für Geschichtsfanatiker, für Trickfilmenthusiasten, für Freunde der Country-Musik. Es wird wirklich jeder Wusch erfüllt. Allerdings kostet das auch ordentlich. Nur das Basispaket mit einer Handvoll Sender ist umsonst, alle anderen Sender kosten Geld.

Was mich ein bisschen schockiert hat, waren die Lokalnachrichten. Als ich sie neulich schaute, ging es ausnahmslos darum, was Schreckliches in meiner Stadt passiert: Unfall hier, Mord dort, Einbruch da. Da bekommt man es mit der Angst zu tun, wenn man sich das anschaut.

Großbritannien:
In Pubs läuft das Fernsehgerät ständig. Insbesondere Sportereignisse werden dort häufig übertragen: Fußball, Kricket und Pferderennen.

Was die sonstige Berichterstattung anbelangt, so scheint es hier ausschließlich Sensationsmeldungen zu geben. Es wird nicht wie bei uns in Deutschland getrennt zwischen seriösen und bunten Nachrichten.

In puncto Fernsehergröße herrschen in den britischen Häusern eher bescheidene Formate vor. Die internationalen Konzerne bieten natürlich auch hier ihre Riesenfernseher an, aber dafür muss man den nötigen Platz haben, und das normale britische Heim ist nicht sonderlich geräumig.

Russland:

Hier in Russland ist der Fernseher nicht nur abends an. In vielen Haushalten läuft das Ding die ganze Zeit, selbst wenn niemand hinhört oder hinsieht.

Das Fernsehprogramm ist hierzulande ein wichtiges Mittel zum Machterhalt und wird landesweit von den Staatskanälen dominiert. Dort sieht man im Wesentlichen eine Abbildung dessen, was der Kreml will und tut. Das hat mit unabhängiger Information nichts zu tun, trotzdem schauen sich die Leute das an. Alle Versuche, kritischere Sender einzuführen, sind entweder gescheitert oder stehen auf sehr wackligen Füßen.

Israel:

Fernsehen in Israel erinnert mich ein wenig an deutsches Fernsehen in den Achtzigern: Es gibt das Erste, das Zweite und das Dritte Programm, das war es dann. Zusätzlich kann man zwei private Kanäle empfangen, die mit ihren Nachrichten um zwanzig Uhr Zuschauer anzulocken versuchen. Diese Nachrichten dauern eine geschlagene Stunde und erinnern an Lokalfernsehen. Wenn irgendwo ein Unfall passiert ist, steht garantiert jemand dort und berichtet live.

Die Palästinenser haben noch weniger eigenes Fernsehen zur Auswahl und schauen deshalb Al Jazeera und BBC World. Deswegen sind sie meist viel eher in der Lage, über den eigenen Tellerrand zu schauen als die Israelis.

Südafrika:

Wir haben hier DStv, das Satellitenfernsehen. Darüber kann man Hunderte von Kanälen empfangen, aber die meisten sind unerträglich. Außerdem werden im Fernsehen natürlich die verschiedenen Landessprachen gesprochen, die ich nicht besonders gut verstehe, Zulu oder Afrikaans zum Beispiel.

Super finde ich, dass in Südafrika sehr viele aktuelle Serien aus den USA gesendet werden. Gerade läuft die dritte Staffel *Homeland*, die ich mir jede Woche anschaue. Ein bisschen ärgerlich ist nur das hiesige Familienschutzgesetz, nach dem Wörter wie *shit* oder *fuck* zensiert werden müssen. Es nervt ziemlich, wenn andauernd die Lautstärke gedrosselt wird.

Nicole Markwald, Los Angeles
Jochen Spengler, London
Gesine Dornblüth, Moskau
Christian Wagner, Tel Aviv
Jan-Philippe Schlüter, Johannesburg

FITNESS

London +++ Warschau +++ Los Angeles +++ Kairo +++
Tel Aviv

Großbritannien:
Ich treibe regelmäßig Sport, hasse allerdings Sportstudios, von
denen es hier Unmengen gibt. Ich brauche unbedingt frische
Luft, deshalb liebe ich das Joggen, besonders im wunderbaren
Richmond Park. Das ist Englands größter Landschaftspark, mit
sanften Hügeln und freilaufenden Hirschen und Rehen.
    Freizeit-, Sauna- und Badeparadiese gibt es in Großbritan-
nien eher selten. Mich stört daran sowieso, dass die Briten ihre
Badehose anlassen, wenn sie in die Sauna gehen.

Polen:
Wie alle Polen halte auch ich mich fit. Wobei Fitness hier ein
teurer Spaß ist. Ein Monatsbeitrag liegt bei etwa 200 Euro.
Wenn man dann bedenkt, dass das Durchschnittsgehalt in Polen
gerade einmal zwischen 600 und 700 Euro liegt, kann man sich
ausrechnen, dass sich so etwas nur Ausländer und reiche Einheimische leisten können. Dementsprechend parken vor den Fit-
nesscentern oft gigantisch dicke Autos.
    Die meisten Polen halten sich stattdessen fit durchs Fahrrad-
fahren, auch im Winter. In den Warschauer Parkanlagen sieht
man außerdem jede Menge Menschen joggen.

USA:
In L. A. sind alle fit, und wirklich jeder geht ins Fitnessstudio, vom
Baby bis zur Oma. Wer nicht geht, der ist out. Hier wird dem
Körperkult gehuldigt. Natürlich habe ich mich anstecken lassen.

Die Männer laufen ganz stolz mit freiem Oberkörper durch die Gegend und tragen ihr Statussymbol, den Bizeps, zur Schau. Die Frauen stolzieren im Bikini herum und präsentieren ihre schlanke Taille. Dicke Menschen gibt's hier eigentlich nicht.

Mein Fitnessstudio in Los Angeles kostet nur 15 Dollar im Monat, was spottbillig ist im Vergleich zum Monatsbeitrag von ungefähr 120 Dollar, den die exklusiven Studios veranschlagen. Trotzdem kann ich rund um die Uhr trainieren und sogar überall im Land, da es sich dabei um eine Kette handelt.

Als ich dort neulich auf dem Stepper stand und in die Runde blickte, dachte ich plötzlich: Das hier ist eine verkehrte Welt. Die Männer pumpen ihre Brüste auf wie irre, während sich die Frauen mager hungern und dadurch unglaublich flache Brüste bekommen.

Neben dem Aufbauen und Stählen des Körpers sucht man für das spirituelle Wohlergehen ein Yoga-Studio auf. Das ist immer noch ein großer Trend hier in Los Angeles. In Gehweite habe ich außerdem sechs Yoga-Studios mit Hatha Yoga, Power Yoga und weiß Gott was sonst noch zur Auswahl.

Ägypten:
Sich in Kairo fit zu halten ist ein echtes Problem, weil hier eigentlich immer Smog herrscht. Joggen kann man deshalb im Grunde nur freitags, dem islamischen Sonntag in Ägypten. An diesem Tag fließt kaum Verkehr, und man kann sich endlich an die Luft trauen, um Sport zu treiben.

Sport ist notwendigerweise mit einer gewissen Körperlichkeit verbunden, doch manche Körperteile nackt in der Öffentlichkeit zu zeigen, damit haben die Ägypter noch große Probleme. Keine Frau würde jemals neben einem Mann trainieren. In den Fitnessstudios gibt es dazu spezielle Räume nur für Frauen. In den schlichten Fitnessstudios der ärmeren Viertel treffen sich ohnehin nur Männer, Frauen würden sich dort nicht hineintrauen. Diese Studios sind in etwa so groß wie ein Wohnzimmer, bieten nicht viel mehr als ein paar Hanteln, ein Laufband und vielleicht ein Kraftgerät.

Ich habe mir irgendwann eine Mitgliedschaft im Gezira-Sportclub gegönnt. Das ist nicht billig, aber dieser Traditionsclub, den die Briten zu Hochzeiten als Kolonialmacht gründeten, ist es allemal wert.

Israel:

Ich bemühe mich, fit zu bleiben. Jeden Donnerstag gehe ich deshalb zu meinem Fußballtreff, den ich selbst organisiert habe. Wir spielen dort mit israelischen Freunden und israelischen Jugendlichen. Neulich haben wir mit dieser Mannschaft etwas ganz Besonderes gemacht: Wir sind als Gruppe deutscher Korrespondenten nach Gaza gefahren, wohin normalerweise nur Vertreter internationaler Hilfsorganisationen, Diplomaten und Journalisten reisen dürfen, und haben gegen eine Auswahl von ortsansässigen Journalisten gespielt. Natürlich haben wir drei zu zehn verloren. Die gegnerische Mannschaft war durch ihre Gebete optimal vorbereitet, der Muezzin war vor dem Spiel nicht zu überhören. Anschließend sind wir mit den Journalisten aus Gaza noch essen gegangen. Das war sehr anrührend. Ein Stück Völkerverständigung. Es passiert nicht oft, dass die Leute aus Gaza gegen andere Mannschaften spielen können, nicht einmal gegen Leute aus der Westbank.

Neben Fußballspielen kann man in Tel Aviv aber natürlich auch wunderbar Surfen, Kitesurfen und am Meer entlangjoggen.

Jochen Spengler, London
Henryk Jarczyk, Warschau
Jan Tussing, Los Angeles
Hans-Michael Ehl, Kairo
Sebastian Engelbrecht, Tel Aviv

FREUNDE

Peking +++ Rabat +++ Nairobi +++ Los Angeles +++
Mexiko-Stadt +++ Moskau

China:

Freunde in China – das ist ein schwieriges Thema, denn die hiesigen Gepflogenheiten sind da sehr kompliziert. Nehmen wir nur einmal die Frage, was für ein Geschenk man mitbringen soll, wenn man eingeladen wird. Das Schenken ist ein ritualisierter Prozess, gerade zu Anfang, wenn sich beide Seiten noch nicht gut kennen. Man muss höllisch aufpassen, was man schenkt – keine weißen Blumen zum Beispiel, weil weiß eine Trauerfarbe ist. Es darf nicht zu teuer sein, denn man sollte nicht protzen. Es darf aber auch nicht zu preiswert sein, denn man möchte das richtige Maß an Wertschätzung zeigen. Weiter geht es mit der Frage, wie man sich hinsichtlich einer Gegeneinladung verhält, und ob man hinterher noch ein Geschenk machen sollte oder nicht. Oder ob man in ein teureres Restaurant einladen muss als das, in dem man gemeinsam war.

Das alles finde ich ausgesprochen kompliziert. Auch nach vielen Jahren in diesem Land muss ich manchmal chinesische Bekannte um Ratschläge hinsichtlich der sozialen Gepflogenheiten bitten.

Marokko:

Es ist für mich nicht leicht, mit Marokkanern Freundschaft zu schließen, weil ich nie genau weiß, ob es wirklich um mich als Person geht. Viele moderne marokkanische Frauen sind beispielsweise darauf aus, ausländische Männer kennenzulernen. Da läuft man Gefahr, wenn man einmal mit einer marokkanischen Frau essen geht, dass am nächsten Morgen gleich ihre Brüder am Start sind und eine Hochzeit angebahnt wird. Ich habe das schon erlebt. Die sagten zu mir: »Du kommst ja dann morgen zu uns, und dann stellen wir dir unsere Eltern vor!« Das kann dann rasend schnell gehen.

Weitaus einfacher ist es für mich mit denjenigen Marokkanern und Marokkanerinnen, die für internationale Organisationen arbeiten und dadurch einen anderen Background haben. Die sprechen dann auch meist französisch. Meine Arabischkenntnisse sind nämlich recht begrenzt. Glücklicherweise besitze ich inzwischen einige marokkanische Freunde, auf die ich mich absolut verlassen kann. Durch sie sehe ich das Land mit anderen Augen und lerne jeden Tag Neues dazu.

Kenia:

Leute kennenzulernen ist in Kenia relativ einfach. Geht es allerdings darum, tiefe Freundschaften aufzubauen, wird die Sache schon schwieriger, weil die Kenianer dann doch lieber unter sich bleiben. Freundschaften haben hierzulande einen extrem hohen Stellenwert. Viele bezeichnen einander dann nicht mehr als Freund, sondern als Bruder.

Ich muss auch ein wenig aufpassen. Viele Leute wollen sich mit mir anfreunden, weil sie sich davon Vorteile versprechen. So werde ich auch häufig auf Hochzeiten eingeladen – zu denen ich dann natürlich ein Geschenk mitbringe. Der Kenianerin, auf deren Hochzeit ich zuletzt war, habe ich eine Schrankwand geschenkt.

USA:

Das Thema Freunde ist in dieser Stadt ein bisschen zwiespältig. Die Pflege von Freundschaften nach unseren deutschen Maßstäben wird hier nicht sonderlich großgeschrieben. Ich habe zum Beispiel einen guten Freund in Hollywood, den ich aber selten treffe. Mysteriöserweise kommt immer etwas dazwischen.

Für mich sind aber Freunde so wichtig, dass ich sie am liebsten jede Woche mindestens einmal sehen oder sprechen möchte. Das scheint in den USA einfach anders zu sein, hier ist jeder ziemlich mit sich selbst beschäftigt. In Los Angeles zum Beispiel geht es darum, berühmt oder schön oder reich zu werden, da bleibt für das Soziale nicht viel Zeit.

Ich glaube, ich könnte drei Wochen tot in meiner Wohnung liegen, und von meinen sogenannten Freunden würde keiner etwas merken.

Mexiko:

Mir ist aufgefallen, dass Freundschaften hier viel stärker im Schatten von Familie stehen. Die Mexikaner leben sehr in ihrer eigenen Welt, haben starke Familienbindungen und sind ansonsten mit dem Alltag beschäftigt.

Die allermeisten Mexikaner haben noch nie ihr Land verlassen, deshalb finden sie mich zunächst interessant, aber gleichzeitig irgendwie komisch. Die meisten denken wahrscheinlich: »Der ist anders, der passt nicht so richtig zu uns.« Ich habe auch festgestellt, dass ich zu Leuten, die bereits im Ausland waren, viel eher einen Draht habe, weil sie ein besseres Gefühl für die kulturellen Unterschiede und Ähnlichkeiten haben.

Russland:

Die Frage hier in Russland lautet: Kommt der Wodka bereits vor Beginn der Freundschaft, oder trinkt man erst mit Freunden richtig Wodka? Es ist sehr schwierig, in die Gesellschaft hineinzufinden, wenn man sich diesem Getränk konsequent verweigert, so wie ich. Dass man sich zum Besäufnis trifft, ist allerdings sogar hierzulande out.

Generell ist es für mich in Moskau schwierig, Freundschaften zu schließen. Viele Leute wohnen außerhalb, fahren am Tag drei Stunden zur Arbeit und zurück, da ist es nahezu ausgeschlossen, sich unter der Woche zu verabreden.

Wenn man richtig befreundet ist, verbringt man die Wochenenden zusammen und lädt sich gegenseitig auf die Datscha ein.

Ruth Kirchner, Peking
Alexander Göbel, Rabat
Antje Diekhans, Nairobi
Jan Tussing, Los Angeles
Martin Polansky, Mexiko-Stadt
Gesine Dornblüth, Moskau

FRÜHSTÜCK

Los Angeles +++ Moskau +++ London +++
Johannesburg +++ Tel Aviv

USA:

Die Amerikaner lieben Essen. Egal, um welche Mahlzeit es sich
handelt, sie ist immer üppig. Wenn man den Tag mit einem typisch amerikanischen Frühstück beginnt, hält das meiner Erfahrung nach sehr lange vor und ersetzt sogar manchmal den
Lunch. Üblich sind dabei *Pancakes*, Rühreier, Bagel mit Lachs,
und *Egg Muffins*, das sind Brötchen mit eingebackenem Ei. Auch
frisch gebackene Waffeln mit Ahornsirup werden gerne gegess-
sen, außerdem *Oatmeal*, ein köstlicher Haferflockenbrei. Oder
Frühstücksflocken, zu denen in der Regel frisch gepresster Orangensaft getrunken wird.

Ein Frühstück, wie wir es kennen, also Brot mit Käse, Wurst
und Marmelade, das gibt es hier nicht.

Russland:

In Moskau verläuft das Leben relativ hektisch, deswegen setzt
sich kaum jemand morgens an den Tisch und frühstückt in Ruhe.

Mein persönlicher Frühstücksschreck heißt Kascha, Grau-
penbrei – das ist meiner Meinung nach das Schlimmste, was die
russische Küche erfunden hat. Die Russen jedoch halten ihn für
sehr gesund, und deswegen wächst auch immer noch jedes Kind
mit diesem Brei auf.

Mein persönliches Highlight des russischen Frühstücks ist
der wunderbare Kefir. Dieses Getränk stammt eigentlich aus
dem Kaukasus, aber niemand kann ihn so gut zubereiten wie die
Russen, und die Auswahl an verschiedenen Sorten ist riesig.

Großbritannien:

Das berühmte englische Frühstück entspricht eher einem normalen deutschen Mittagessen: Bacon und Eggs, Baked Beans und Kartoffeln und Champignons, dazu noch Würstchen und so weiter. Es wird vor allem in Hotels serviert. Man kann sich auch tatsächlich daran gewöhnen. Davon zehrt man praktisch den ganzen Tag. Allerdings gehen die Kalorien direkt auf die Hüfte, und ich fühle mich außerdem nicht besonders fit nach einem klassischen englischen Frühstück.

Im Privathaushalt ist diese Art aber unüblich, da gibt es eher ein schnelles Frühstück auf die Hand.

Ansonsten werden in London an jeder Ecke Sandwiches verkauft – meist natürlich im klassischen Toastbrot und deshalb relativ ungesund. Schwarzbrot gibt es hier kaum.

Südafrika:

Insbesondere bei den weißen Südafrikanern – den Buren, die von den Holländern abstammen – ist ein sehr reichhaltiges Frühstück gang und gäbe: Rührei gehört dazu, ebenso wie eine Auswahl von Fleisch und die traditionelle Bratwurst, weiterhin Hackfleischbällchen, Speck und auch die Baked Beans, die man aus England kennt.

Auf dem Land sieht das Frühstück ein bisschen anders aus. Dort wird oft *Pap* gegessen, eine Art Brei aus Maismehl. Er ist recht geschmacksneutral, aber mit ein bisschen Fleisch oder Gemüse oder Soße schmeckt er ganz gut.

Israel:

Die Kinder bekommen zu Hause Cornflakes, wenn es schnell gehen muss – und die Erwachsenen oft gar nichts. Wenn ich auf dem Weg zur Arbeit beim Bäcker vorbeikomme, steht dort eine lange Schlange, weil sich alle schnell ein Schokocroissant und einen großen Milchkaffee dazu holen. Den bekommt man überall als Coffee to go.

Am Wochenende gibt es in vielen Familien *Schakschuka*, eine große Pfanne mit geschmorten Tomaten und Eiern, richtig deftig. Das essen die Israelis wie auch die Palästinenser bereits zum Frühstück.

In Israel servieren manche Cafés inzwischen rund um die Uhr Frühstück, weil sie für ihr Frühstück bekannt geworden sind. Dort kann man alles Erdenkliche ordern, insbesondere Obst. Ich persönlich mag Obst sehr gern zum Frühstück. Es schmeckt hier in Israel natürlich sehr lecker, viel intensiver als in Deutschland.

Nicole Markwald, Los Angeles
Gesine Dornblüth, Moskau
Jochen Spengler, London
Jan-Philippe Schlüter, Johannesburg
Christian Wagner, Tel Aviv

GASTFREUNDSCHAFT

Los Angeles + + + Buenos Aires + + + Brüssel + + +
Tel Aviv + + + Istanbul + + + Peking

USA:

Die Amerikaner sind zum einen sehr gastfreundlich, und sie sind Meister des Smalltalks. Wenn man mit Amerikanern ins Plaudern kommt und sie schon ein wenig kennengelernt hat, dann heißt es häufig: »Schaut doch mal vorbei, und wir machen ein schönes Abendessen.« Das geht dann aber nicht so spontan, wie es sich anhört, sondern das muss lange geplant werden. Sollte es dann tatsächlich dazu kommen, sind sie wirklich extrem nett, fahren tüchtig auf, holen die guten Gläser aus dem Schrank, und wenn der Abend lang wird, heißt es sogar: »Wir haben ein Gästezimmer, falls ihr hier übernachten wollt.«

Manchmal jedoch steckt hinter der Freundlichkeit der Amerikaner nicht viel. Dann mögen sie zwar regelmäßig sagen: »Lass uns doch mal treffen!«, aber es kommt nie dazu. Dann werden sie vom Alltag überrollt, und irgendwann ist einfach zu viel Zeit vergangen.

Argentinien:

Die Argentinier sind sehr freundliche Menschen mit einem unglaublich großen Herzen. Auch wenn sie jemanden erst seit kurzer Zeit kennen, sprechen sie ihn gleich mit »mein Herz« an.

In punkto Gastfreundschaft ist mir jedoch aufgefallen, dass die wenigsten Argentinier jemanden zu sich nach Hause einladen. Als ich meine ersten Bekannten zu Festen und Feiern zu mir eingeladen habe, dachte ich, es gäbe sicherlich demnächst die Gegeneinladungen. Doch die kamen nicht. Man muss einen Argentinier wirklich sehr lange und sehr gut kennen, damit man zu ihm nach Hause eingeladen wird. Die Privaträume sind heilig, eher trifft man sich in einem Lokal.

Belgien:
Als Ausländer in Brüssel kommt man sehr selten in den Genuss von belgischer Gastfreundschaft. Wenn man dann tatsächlich von echten Belgiern eingeladen wird – was mir erst einige wenige Male gelungen ist –, trifft man sich zum Aperitif und steuert als Gast auch etwas bei.

Für die Belgier und besonders für die Flamen hat die Familie einen sehr hohen Stellenwert. Auch diejenigen Ausländer, die hier schon seit vielen Jahren leben und zum Teil über die Kinder etwas engere nachbarschaftliche Kontakte knüpfen konnten, bestätigen das. Der Austausch und das Miteinander sind in der Regel allein deshalb nicht allzu intensiv, weil man sich sehr stark auf den Familienrahmen konzentriert.

Israel:
Man wird hierzulande gerne und recht schnell zu Leuten nach Hause eingeladen. Es gibt keine großen Hemmungen bei den Israelis, mich in ihre Wohnung zu lassen. Und wenn es mal wieder so weit ist, bekomme ich in jedem Fall etwas zu trinken angeboten.

Wichtig für die israelische Gastfreundschaft ist, immer genug zu essen vorrätig zu haben, falls jemand spontan vorbeikommt. Einen leeren Kühlschrank, den findet man hier in keiner Wohnung.

Es gibt eine Vermittlungsagentur, die es Urlaubern ermöglicht, sich zum Essen einzuladen bei Israelis, die an Ausländern interessiert sind. Dieser Vermittlungs-Service stößt von beiden Seiten aus auf großes Interesse.

Türkei:

Als Gastfreundschaftsritual wird in der Türkei Tee angeboten. Besonders wenn man aufs Land fährt, wird man als Fremder gerne angesprochen und durchaus gleich in die Wohnung eingeladen. Jeder möchte sich mit einem unterhalten, dem Gast zeigen, wie man lebt und dessen Geschichten hören. Wichtig zu wissen: Als Gast muss man noch am Hauseingang die Schuhe ausziehen, das gehört zum guten Ton. Deshalb mein Ratschlag: Immer intakte Socken anziehen, denn man weiß nie, wie und wo der Tag endet. Lässt man die Schuhe einfach an, ist es mit der Gastfreundschaft schnell vorbei.

Die türkische Gastfreundschaft zeigt sich aber nicht nur im privaten Rahmen. Auch wenn man beispielsweise eine Autowerkstatt aufsucht, wird einem dort gleich ein Tee angeboten.

China:

Die Chinesen sind ein äußerst gastfreundliches Volk. Sie tun alles, um ihre Gäste willkommen zu heißen und ihnen den Aufenthalt so angenehm wie möglich zu machen. Wobei man einschränkend erwähnen muss, dass man höchst selten zu jemandem nach Hause eingeladen wird.

Gastfreundschaft in China äußert sich im Wesentlichen über das Essen. Das bedeutet, wenn man bei jemandem zu Besuch ist – sogar in den ärmsten Häusern auf dem Land –, sagen die Gastgeber immer wieder: »Bleib doch zum Essen!« Das kann man nur schwer ablehnen, selbst wenn man weiß, dass diese Leute kaum Geld haben.

Nicole Markwald, Los Angeles
Julio Segador, Buenos Aires
Anette Riedel, Brüssel
Christian Wagner, Tel Aviv
Thomas Bormann, Istanbul
Ruth Kirchner, Peking

GESCHENKE

Zürich +++ Tel Aviv +++ Nairobi +++ Warschau +++ Tokio

Schweiz:
Zum Thema Geschenke fällt einem in der Schweiz natürlich sofort der Standard ein: die Schokis. Also alle Arten von Schokolade, Pralinen und sonstigen Schleckereien. Mein Geheimtipp ist allerdings Schweizer Wein. Der ist in Deutschland sehr schwer zu bekommen, weil die Schweizer die meisten ihrer Weinsorten selbst trinken. Auch der Schweizer Gastgeber freut sich über ein paar Flaschen Wein immer sehr.

In der Schweiz ist das Weihnachtsfest im Übrigen vorwiegend ein Fest der materiellen Geschenke.

Israel:
Hier in Tel Aviv bringt man generell etwas mit, auch wenn man nur für eine Stunde vorbeischaut: einen Salat, einen Kuchen oder ein Spielzeug für die Kinder.

Um Weihnachten herum findet hier Chanukka statt, das achttägige Lichterfest. Zu diesem Anlass bringt man den Kindern kleinere Dinge mit. Die größeren Geschenke gibt es zum Passah, dem Pendant zum Osterfest. Von den Geschenken her ist das wie bei uns Weihnachten.

Zum Geschenk bringt man hier auch immer gleich den Umtauschschein mit. In dieser Hinsicht sind die Israelis absolut unromantisch. Dieser Schein ist eine Art Quittung, mit der man das Buch oder die Schallplatte oder was auch immer bei Nichtgefallen im entsprechenden Laden jederzeit umtauschen kann – ohne es dem Schenker sagen zu müssen. Das ist typisch israelisch.

Kenia:

Ich würde behaupten, dass es in Kenia keine großartige Geschenkkultur gibt. Selbst zu Weihnachten und zum Geburtstag schenken sich die Kenianer nicht besonders viel. Wenn ich hier Kinder vor Weihnachten frage: »Was hast du dir gewünscht?«, dann erzählen mir die meisten: »Bei uns gibt es zu Weihnachten Hühnchen, das ist das Besondere an diesem Fest.« Für die Kenianer steht also eher das Essen im Mittelpunkt, nicht die Geschenke. Viele handhaben das natürlich deshalb so, weil sie sich gar keine Geschenke leisten können.

Auf der anderen Seite erwarten die Kenianer von mir als Weiße sehr wohl Präsente. Was aber keineswegs bedeutet, dass ich seitens der Kenianer keine Großzügigkeit erlebe. Wenn ich zum Beispiel bei einem Bananenfarmer zu Besuch bin, und mir schmeckt die Banane besonders gut, dann fahre ich garantiert mit einer ganzen Bananenstaude im Kofferraum nach Hause.

Wenn ich in Kenia am Strand entlanggehe, hagelt es Geschenke. Dann kommt nämlich garantiert ein netter junger Mann vorbeispaziert, hängt mir einen Haufen Ketten um und sagt: »Gift for you, gift for you!« Er lässt ein wenig Zeit vergehen, und dann beginnen die Verkaufsverhandlungen. Ein äußerst cleveres Vorgehen, denn wenn man die Sachen erst einmal um den Hals hat, wird das Ablehnen noch schwieriger.

Polen:

Beim Stichwort Geschenke fällt mir in Polen vor allem eins ein: Blumen. Egal, ob Sie nach Hause eingeladen werden oder zu einem Rendezvous gehen, als Mann bringen Sie immer Blumen mit. In Polen ohne Blumen zu erscheinen, ist ein gewaltiger Fauxpas.

Weihnachten ist in Polen ein traditionsreiches Fest. Die Übergabe der Geschenke findet zum Beispiel erst am Ende der Feierlichkeiten statt – weswegen die polnischen Kinder wirklich nicht viel zu lachen haben an Weihnachten. In Erinnerung an die 12 Apostel werden an diesem Abend 12 Gänge serviert, und es gibt nicht eher die Geschenke, bis das Zeug aufgegessen ist.

Japan:

In Japan schenkt man andauernd etwas. *Was* man schenkt, ist dabei gar nicht wichtig. Was zählt, ist die Geste. Es genügen auch ein paar Süßigkeiten. Gern gesehen ist, wenn ich etwas aus Deutschland mitbringe, zum Beispiel einen Film über Neuschwanstein.

Wichtig ist auch: Ein Geschenk muss man immer erst beiseitelegen und bloß nicht im Beisein des Schenkers öffnen. Wenn man nämlich als Beschenkter nicht hinreichend begeistert ist, könnte der andere das Gesicht verlieren.

An Neujahr und zu Obon, einem buddhistischen Feiertag im Sommer, schenkt man Geld, und zwar auf eine faszinierende Art und Weise. Man nimmt den Geldschein – 1000, 5000 oder auch 10 000 Yen, das sind etwa siebzig Euro – und steckt ihn in eine äußerst kunstvolle Karte, die teilweise noch mit gefaltetem Papier verziert ist. Das Hauptpräsent ist dabei definitiv die Karte.

Hans-Jürgen Maurus, Zürich
Sebastian Engelbrecht, Tel Aviv
Antje Diekhans, Nairobi
Henryk Jarczyk, Warschau
Peter Kujath, Tokio

HEIMWERKEN

Nairobi +++ Shanghai +++ Washington +++
Mexiko-Stadt +++ Rom

Kenia:
Heimwerken in Kenia ist generell eine ganz schwierige Sache, allein schon deshalb, weil die nötigen Werkzeuge hier nirgendwo erhältlich sind. Und auch die erforderlichen Materialien wären nur mit einem großen Aufwand aufzutreiben.

Das Gute wiederum ist, dass man es in Kenia gar nicht nötig hat, selbst Hand anzulegen, denn die entsprechenden Dienstleistungen bekommt man hier überall angeboten. Diese Leute sind Meister im Improvisieren. Wenn irgendwo ein Nagel fehlt, wird schon mal einer aus Holz geschnitzt und eingeschlagen. Oft sehen diese improvisierten Lösungen sogar sehr schön aus.

China:
Chinesen haben mit Basteleien und Frickeleien zu Hause ziemlich wenig am Hut. Manuelle Arbeiten werden von den Städtern ohnehin herablassend angesehen. Sie sind unter ihrer Würde, nur etwas für Leute, die es sich nicht leisten können, einen Handwerker kommen zu lassen.

Beispielsweise haben wir hier in der Wohnung ein Loch in der Wand, weil unsere Klimaanlage ausgetauscht wurde. Nun gibt es in meinem näheren Umfeld niemanden, der handwerklich in der Lage wäre, dieses Loch fachgerecht zu verschließen, deshalb bleibt es eben offen. Mittlerweile habe ich damit leben gelernt, dass manches einfach gar nicht repariert wird, wenn es kaputt ist. So halten es auch viele Chinesen.

USA:

Heimwerken ist in den Staaten eine große Leidenschaft, und es gibt hier sogar noch mehr Baumärkte als in Deutschland. Die Leute verbessern und erweitern ihre Häuser ohne Unterlass. Das funktioniert in den USA besonders gut, weil die meisten Häuser aus Holz gebaut sind, da kann jeder schnell anpacken.

Im Fernsehen läuft sogar eine sehr erfolgreiche Comedyserie, in der es ausschließlich um das Optimieren von Haus und Garten geht.

Mexiko:

Die Mexikaner machen gern alles selbst, um Geld zu sparen. Da die meisten eine relativ große Familie haben, gibt es im Normalfall immer jemanden, den man um Hilfe bitten kann. Der eine kann klempnern, der andere kennt sich mit Elektrik aus, und so weiter.

Ich selbst bin auf diesem Gebiet leider überhaupt nicht talentiert, habe aber auch schon Hilfe bekommen von jemandem, der jemanden kannte, der alles konnte. Meine Erfahrungen in dieser Hinsicht sind allerdings etwas gemischt. Klar bringen die Mexikaner mit ihren Heimwerkerfähigkeiten die Sachen zum Laufen. Aber ob die Lösungen dann auch die besten sind, das wage ich zu bezweifeln.

Italien:

Meine heimwerkerischen Fähigkeiten musste ich hier deutlich erweitern – aus purer Not, weil es so schwer ist, zuverlässige Handwerker zu bekommen. Mittlerweile bin ich deshalb stolzer Fachmann für Toilettenspülungen, Stromleitungen und Fernsehanschlüsse.

Insgesamt betrachtet legen die italienischen Heimwerker, was Ausstattung und Ausführung anbelangt, nicht denselben Perfektionismus an den Tag wie die Deutschen. In Deutschland besitzen viele eine komplett eingerichtete Werkstatt, oft sogar mit

Profigeräten. In Italien dagegen benutzt man auch die älteren Werkzeuge noch, und es gelingt trotzdem irgendwie. Dabei wird viel improvisiert.

Antje Diekhans, Nairobi
Markus Rimmele, Shanghai
Marcus Pindur, Washington
Martin Polansky, Mexiko-Stadt
Jan-Christoph Kitzler, Rom

HUNDE

Madrid +++ Rabat +++ Tokio +++ London ++.+ Stockholm

Spanien:
Es gibt jede Menge Hunde in Madrid. Die Spanier lieben Hunde.

Auch Huskies sehe ich immer wieder, obwohl ich bei dieser Rasse ganz andere Bilder vor Augen habe: Eis- und Schneelandschafen mit Schlitten nämlich. Und die armen Hunde laufen hier bei vierzig Grad durch die Gegend. Da frage ich mich, ob das wirklich so schön für diese Hunde ist.

In dem Viertel im Norden von Madrid, in dem ich lebe, ist es leider sehr unüblich, den Hundekot wegzumachen. Dementsprechend schlimm sieht es auf den Straßen aus. Da muss man höllisch aufpassen, wo man die Füße hinsetzt.

Marokko:
Hunde werden generell kaum respektiert in Marokko. Sie gelten als unrein. Ich musste auch schon oft mitansehen, dass Hunde schlimm verprügelt oder getreten wurden.

Hunde hält man sich hier nur selten als Haustier. Die süßen kleinen Fiffis oder den netten Hund vom Sofa, die gibt es in Marokko nicht. Wenn überhaupt, dann haben die Marokkaner Wachhunde.

Eine wirklich tragische Geschichte sind die herrenlosen Hunde, die in Marokko überall herumstreunen. Man weiß nie, ob sie einen beißen wollen oder einfach nur nach Nahrung suchen. Ob diese Hunde Tollwut haben, das schert hier niemanden, dieser Punkt wird ziemlich unterschätzt.

Japan:

Zu meiner Überraschung gibt es viele Hunde in Tokio, obwohl die Metropole im Grunde eine Betonwüste ist. Was mir an den Tieren am meisten auffällt sind die Kleider – sie reichen vom Cowboyhut (den habe ich vor kurzem bei einem Dackel gesehen) bis hin zum ganz normalen Regendress. Letzteres ist völlig normal in Tokio.

Die Hunde hier sind meistens relativ gut erzogen, und auf belebten Straßen laufen sie stets an der Leine. Sobald man aber in die wunderbaren Parks geht, lässt man sie fast immer frei.

Den Hundekot muss man in Japan aufsammeln. Entweder verwendet man dazu eine kleine Tüte oder sogar ein Schäufelchen, und manche sehe ich die Hinterlassenschaft verbuddeln.

Das Merkwürdigste, was mir in Tokio zu diesem Thema untergekommen ist, war eine Sauerstoffbar für Hunde. Neben Frauchen wird dort auch der Hund in eine Art Sarkophag gelegt. Darin kann er sich an Unmengen reinem Sauerstoff laben und bleibt dadurch angeblich jung, fit und schlank. Genau wie Frauchen.

Großbritannien:

Die Briten lieben Hunde, und sie besitzen zahllose Hunde. Insgesamt sollen ungefähr zehn Millionen Hunde in Großbritannien leben – bei gerade mal sechzig Millionen Einwohnern. Bei den Deutschen kommen fünf Millionen Hunde auf achtzig Millionen Einwohner.

Die Hunde sind hier meistens wohlerzogen, was man daran merkt, dass sie deutlich weniger bellen als in anderen Ländern. Sie werden in den Parks fast immer freigelassen, und dann ist es übrigens selbstverständlich, dass der Brite die Hinterlassenschaft seines »doggys« einsammelt.

Ich habe den Eindruck, die Briten pflegen ein entspannteres, vielleicht sogar natürlicheres Verhältnis zu ihren Hunden als wir in Deutschland. Sie werden hier nicht so verzärtelt und vermenschlicht.

Ich selbst besitze einen Hundemischling. Da hat man in Großbritannien schon ein komisches Gefühl, weil die Einheimischen normalerweise reinrassige Hunde halten. Meiner ist eine Mischung aus schottischem Highland-Terrier und afghanischem Windhund. Wie dieses Lebewesen zustande gekommen ist, ist mir ein Rätsel. Der schottische Highland-Terrier hat eine Größe von etwa zwanzig, der afghanische Windhund von stolzen siebzig Zentimetern.

Schweden:

In meiner Nachbarschaft wohnt ein von oben bis unten tätowierter Muskelschrank, der sämtliche Klischees erfüllt und tatsächlich einen Kampfhund besitzt. Das Gegenstück dazu ist dann ein dekorativer Minihund in der farblich abgestimmten Handtasche. Auch davon sieht man hier in Stockholm eine ganze Menge.

Sehr angesagt bei denen, die es sich leisten können, sind sogenannte Hundekindergärten. Davon gibt es im feinen Stockholmer Stadtteil Östermalm gleich mehrere. Dort kann man seinen Liebling morgens abgeben, bevor Herrchen und Frauchen ins Büro gehen. Die Hundesitter machen mit den Hunden unter anderem Ausflüge in die königlichen Wälder – das volle Rundum-Verwöhnprogramm den ganzen Tag über. Die Kosten dafür sind entsprechend hoch.

Auf den Wiesen von Djurgården habe ich schon Hundesitter mit zehn Leinen an der Hand gesehen. Diese Art der Hundebetreuung ist ebenfalls sehr beliebt und über Monate im Voraus ausgebucht.

Reinhard Spiegelhauer, Madrid
Alexander Göbel, Rabat
Peter Kujath, Tokio
Jochen Spengler, London
Tim Krohn, Stockholm

INTERNET

Peking +++ Kabul +++ Kairo +++ Nairobi +++ Rabat

China:
Ich kann mir das Leben ohne Internet besonders in China überhaupt nicht mehr vorstellen. Zugleich muss man lernen, mit der hier vorherrschenden Zensur umzugehen. Ich persönlich nutze von Peking aus eine Tunnelverbindung, um auf die blockierten Webseiten zugreifen zu können. Diese Verbindung läuft über einen Server in Berlin, von dem aus ich ins World Wide Web gelange.

Ohne diese Tunnelverbindung würde es folgendermaßen laufen: Ich gebe beispielsweise den Namen des Dalai Lama in eine Suchmaschine ein. Daraufhin werden zwar viele Webseiten angezeigt, doch die einzelnen Links zu diesen Seiten lassen sich nicht öffnen. Das ist die übliche Form der Zensur in China.

Afghanistan:
Das Internet in Afghanistan ist eine der wenigen elektronischen Erfolgsgeschichten und ist zumindest in den Städten überall zu haben. Ich wüsste in Afghanistan auch kein Beispiel von Zensur in dieser Hinsicht zu nennen. Dafür ist dieses Land viel zu anarchisch. Wer natürlich ebenfalls Interesse am Internet hat, sind die Taliban, die auf diesem Weg einen Großteil ihrer geschickt gemachten Propaganda verbreiten.

In Internetcafés gehe ich nur selten. Dort sitzen auch ausschließlich Männer. Wenn ich mal dort bin, schaue ich neugierig nach, welche Sites meine Vorgänger aufgerufen haben und stelle fest: durchweg Pornografie. Die jungen Männer besitzen auf diesem Gebiet recht große Defizite und versuchen, sie auf diese Weise auszugleichen. Das ist durchaus auch ein Indiz für den Umbruch, der nach 2001 begann: Das Streben nach persönlicher Freiheit, und dazu gehört nun einmal sexuelle Freiheit.

Ägypten:

Über das Internet ist hier in Kairo die komplette Revolution 2011 angestoßen worden. Daran sieht man sehr schön, wie die Vernetzung der Menschen in Ägypten zunehmend an Bedeutung gewann. Das hatte auch das Regime erkannt und daraufhin tageweise das Internet abgeschaltet. Im Vorfeld gab es allerdings schon Absprachen unter den Demokratieaktivisten, was in diesem Fall zu tun sei. Wobei geschätzt wird, dass sowieso nur etwa zehn bis zwanzig Prozent der Ägypter über einen Internetanschluss verfügen.

Die Qualität des Internets ist hier eigentlich sehr gut – zumindest in den Städten. Je weiter raus man aufs Land fährt, desto problematischer wird der Empfang natürlich, und in der Wüste ist es ganz schwierig.

Kenia:

Möchte man sich das Internet hier in Kenia vorstellen, muss man an die Zeit in Deutschland zurückdenken, als noch ein Modem zwischengeschaltet war. Erst machte es ein paarmal »ding, ding, ding«, dann stand irgendwann die Leitung. So arbeiten wir in Nairobi heute noch.

Allerdings haben wir hier zusätzlich eine Internetverbindung über Satellit. Die ist zwar schneller, dafür aber sehr wetterabhängig. Wenn es anfängt zu regnen, kann ich mir schon ausrechnen, dass ich an diesem Tag weitaus länger für die Arbeit brauche als sonst. Bei mir führt das in der Regel dazu, dass ich literweise Kaffee trinke, um die Wartezeiten zu überbrücken.

Direkt im Stadtzentrum von Nairobi gibt es ein paar Coffeebars, die WLAN sogar auf der Terrasse anbieten. Dort sieht man die jungen, hippen Kenianer mit ihren Laptops sitzen, sich einloggen und Facebook aufrufen.

Marokko:
Ich habe Internet zu Hause, was mittlerweile aber leider nicht mehr so gut funktioniert wie noch letztes Jahr. Durch die Zulassung von neuen Internetprovidern ist das Netz hier komplett überlastet. Die staatliche Gesellschaft Maroc Telecom redet sich mit einem kaputten Seekabel heraus, doch das glaube ich nicht. Es wird ihr einfach nicht gelungen sein, die Kapazität entsprechend auszubauen.

Offiziell gibt es keine Zensur in Marokko. Allerdings liegt es doch nahe, weil hier teilweise rätselhafte Dinge geschehen. Beispielsweise sind bestimmte Seiten von jetzt auf gleich nicht mehr zugänglich. Wir machen uns da keine Illusionen, unser Studio wird sicher auch ausspioniert.

Ruth Kirchner, Peking
Sabina Matthay, Kabul
Hans-Michael Ehl, Kairo
Antje Diekhans, Nairobi
Alexander Göbel, Rabat

KATZEN

Rom +++ Shanghai +++ Mexiko-Stadt +++ Nairobi +++
Washington

Italien:
Katzen sind ziemlich präsent in Rom. Ich habe manchmal das
Gefühl, viele Leute hier kümmern sich lieber um Katzen als um
Bettler oder Obdachlose. Am Largo Argentina, einem archäologi-
schen Grabungsareal um die Ecke von unserem Studio, wohnen
an die 300 Katzen, die täglich gefüttert werden. Ältere Frauen,
die sicher nicht besonders viel Geld besitzen, gehen dorthin, um
den Katzen einen Teller Nudeln vorbeizubringen. Etwas für die
Katzen der Stadt zu tun, liegt dem Römer scheinbar im Blut.

Die Katzen sind mittlerweile auch ein Anziehungspunkt für
Touristen, man kann sogar Katzenführungen buchen. Mittlerweile sind die Tiere von der römischen Stadtverwaltung als Kul-
turgut anerkannt, und die Stadt zahlt auch die Kastrationen. An
jedem Kiosk kann man Kalender mit lustigen Katzenfotos kaufen, die vor historischen Monumenten der Stadt aufgenommen
wurden. Das ist ein gutes Marketinginstrument.

China:
Katzen sind in China – ähnlich wie im Westen – beliebte Haus-
tiere, beliebter noch als Hunde. Die Chinesen halten ihre Katzen allerdings anders als wir in Deutschland. Bei mir im Viertel gibt es zum Beispiel eine Ladenkatze, die stets angekettet ist,
und das ist gar nicht unüblich. Wenn ich das sehe, tun mir die
Tiere immer leid.

Und es stimmt: Katzen werden in China auch gegessen. Das
ist vor allem auf dem südchinesischen Land der Fall, ist jedoch

nicht so verbreitet wie das Essen von Hunden. Man muss auch gezielt nach Katzenfleisch suchen, es wird einem nicht in jedem Restaurant angeboten.

Sicher wurde das Essen von Katzen irgendwann einmal aus der Not geboren, denn in China wird traditionell so ziemlich alles verspeist – alles was lebt, kommt garantiert irgendwo in diesem großen Land auf den Tisch. Die Chinesen sind große Feinschmecker, und sie lieben den speziellen Eigengeschmack eines jeden Tieres. Eine besondere Delikatesse ist der Katzen-Schlangen-Feuertopf, eine Art Fondue aus Katzen- und Schlangenfleisch, der in manchen Gegenden in Südchina noch gegessen wird. Beide Sorten Fleisch zusammen soll sehr gesund sein, sagt die Medizin.

Mexiko:

Mir ist aufgefallen, dass Katzen in Mexiko kaum Thema sind. Hier scheint es nur Hundeliebhaber zu geben, Katzen besitzen eher den Stellenwert von Mäusen oder Ratten. Das Konzept der deutschen Hauskatze, die man umhegt und pflegt, ist hier unbekannt.

Zwar weiß ich in Mexiko nie genau, was alles im Essen drin ist, aber ich bezweifle, dass Katzenfleisch verarbeitet wird.

Kenia:

Kenianer halten auch Katzen, aber die sind eher draußen und erfüllen einen bestimmten Zweck: Ratten und Mäuse fangen. Die typische Schmusekatze, die auf einem Kissen im Wohnzimmer liegt, ist den Kenianern völlig unbekannt, das finden sie ziemlich befremdlich.

Es gibt Katzen in Kenia, die es sehr schwer haben – die Löwen. Wenn sie sich aus den Nationalparks herausbewegen, um nach etwas Essbarem zu suchen, sind sie den in der Nähe ansässigen Volksgruppen ein Dorn im Auge. Die legen dann Giftköder aus, an denen die Löwen elendig verenden.

USA:

Katzen streunen tagtäglich durch meinen Hof hier in Washington D.C. Sie sehen alle recht wohlgenährt aus, also haben sie wahrscheinlich ein gutes Zuhause, wo für sie gesorgt wird.

Insgesamt aber sind die USA, meiner Meinung nach eher ein Hunde- als ein Katzenland. Als Familie hält man sich im Zweifelsfall einen Hund.

Generell besitzen Katzen in den USA so ziemlich das gleiche Image wie in Deutschland. Nur, dass sie hier vielleicht noch etwas öfter assoziiert werden mit allen lebenden Frauen, die eine obsessive Liebe zu ihnen pflegen.

Jan-Christoph Kitzler, Rom
Markus Rimmele, Shanghai
Martin Polansky, Mexiko-Stadt
Antje Diekhans, Nairobi
Marcus Pindur, Washington

KINDER

Los Angeles +++ Tel Aviv +++ Peking +++
Mexiko-Stadt +++ Rom

USA:

Hier in Los Angeles gilt, was für die gesamten USA gilt: Man ist
sehr kinderfreundlich. Wenn man in den USA mit Kind unterwegs ist, kommt man immer und überall mit den Leuten ins Gespräch. Auch Spielplätze gibt es an jeder Ecke, und beim Re-
staurantbesuch wird automatisch ein Bildchen zum Ausmalen
auf den Tisch gelegt plus einer Packung Stifte. Es ist eine wahre
Freude, sein Kind hier aufwachsen zu sehen.

In den USA sollte man fremde Kinder nur im absoluten Aus-
nahmefall maßregeln. Wenn auf dem Spielplatz ein anderes Kind
das eigene schubst, sagt man nicht: »Na, Moment mal!« Man
muss sich in Geduld üben, ruhig mit den Eltern sprechen und sie
höflich bitten, darauf zu achten, dass das nicht wieder passiert.

Israel:

In Tel Aviv merkt man rasch, wie kinderbegeistert dieses Land
ist. Wahrscheinlich einfach auch deshalb, weil die meisten israelischen Familien viele Kinder haben. Drei, vier oder auch noch
mehr Kinder sind keine Seltenheit.

Jedes Restaurant bietet zum Beispiel Kinderstühle in verschiedenen Größen an, sodass man mit seinem Kind immer einen Platz findet. Die Spielplätze sind mir in Tel Aviv auch gleich
ins Auge gefallen, weil sie überdacht sind, damit die Kleinen
sich im Schatten tummeln können. Und dabei gibt es eine richtige Konkurrenz: Jeder Stadtteil versucht, den größten und bun-
testen Spielplatz auf die Beine zu stellen.

Meinem Eindruck nach dürfen die Kinder in Israel so ziemlich alles. Sie dürfen alles anfassen und dürfen überall hinlaufen. Die Eltern scheinen ihnen überhaupt keine Grenzen zu setzen. Als ich vor kurzem eine Geigenbauwerkstatt besucht habe, sind dort die Kinder auch kreuz und quer herumgelaufen und haben alles ausprobiert und angefasst. Selbst der Geigenbauer hatte offensichtlich nichts dagegen.

China:
Das Straßenbild in China ist kaum durch Kinder geprägt, zumindest in den großen Städten wie Peking oder Shanghai. Man sieht selbst am Wochenende oder am späten Nachmittag selten Schulkinder auf der Straße, weil sie wahnsinnig viel lernen müssen. Es gilt als Zeitverschwendung, wenn sie sich draußen mit Freunden treffen.

Der Umgang mit Kindern in China ist deutlich anders als in Deutschland. In China geht es darum, dass ein Kind gehorcht. Widerworte sind da äußerst ungewöhnlich. In der Öffentlichkeit sieht man so etwas schon gar nicht. Die Kinder werden sehr stark von den Eltern kontrolliert.

Mexiko:
Kinder haben hier in Mexiko definitiv einen höheren Stellenwert als in Deutschland. Sie sind Prinzessinnen und Prinzen. Und trotzdem besitzen die Eltern eine größere Autorität als in Deutschland.

In Mexiko werden Kinder verhätschelt und können machen, was sie wollen. Das ist absolut akzeptiert, darüber regt sich keiner auf. Auch nicht über Kindergeschrei.

Hier wird viel Geld in die Kleidung der Kleinen investiert, damit sie etwas hermachen. Besonders sonntags und bei Festen müssen sie gut aussehen, wie kleine Trophäen, die stolz präsentiert werden.

Ein zentraler Unterschied zu Deutschland ist auch, dass die

Kinder oft nicht wirklich aus der Kinderrolle herauswachsen, weil sie prinzipiell erst dann das Haus verlassen, wenn sie heiraten. Wenn sie nicht heiraten, kann es passieren, dass sie auch mit vierzig Jahren noch zu Hause wohnen und im Haushalt für immer das Kind bleiben. Das ist hier völlig normal.

Italien:
Eine Kindheit in Rom muss ziemlich hart sein, weil es hier extrem wenig Grün gibt. Spielplätze sind in der Innenstadt ebenso wenig zu finden, weil dort alles unter Denkmalschutz steht. Außerdem müssen viele römische Kinder in Rom auf Schritt und Tritt von Verwandten begleitet werden, das heißt, Mutter, Vater oder Oma fahren die Kinder zur Schule oder zu ihren Aktivitäten. Die Kleinen sind letztlich völlig in der Hand von Erwachsenen.

Die Geburtenrate ist noch niedriger als in Deutschland, aber die Kinder, die es gibt, das sind kleine Könige. Sie werden von der ganzen Familie verhätschelt, sitzen oft bis spät in die Nacht in der Pizzeria im Kreise der Lieben, und alle fühlen sich zuständig. Wenn es die Kinder in Deutschland im Zug wagen, ein bisschen lauter zu sein, sind die Leute schnell genervt. In Italien ist das Gegenteil der Fall: Dort erntet man freundliche Blicke, dort beschäftigt sich die Frau, die neben einem sitzt, vielleicht noch mit dem Kind oder rückt ein Bonbon raus.

Ansonsten sitzen die italienischen Familien so dicht aufeinander, dass man als Deutscher geradezu Beklemmungen bekommt. Sie sind fast immer zusammen – das allerdings stelle ich mir für Kinder ganz schön vor.

Nicole Markwald, Los Angeles
Christian Wagner, Tel Aviv
Ruth Kirchner, Peking
Martin Polansky, Mexiko-Stadt
Jan-Christoph Kitzler, Rom

NACHBARN

Prag +++ Nairobi +++ Rom +++ Brüssel +++ Mexiko-Stadt

Tschechien:

Es passiert in Tschechien höchst selten, dass man den Nachbarn in die eigenen vier Wände einlädt. Auf der anderen Seite habe ich aber auch noch keine Streitigkeiten unter Nachbarn erlebt. Allgemein muss man hier in dieser Hinsicht eine hohe Toleranzschwelle entwickeln. Jeder unserer Nachbarn hat beispielsweise einen Hund. Da herrscht den ganzen Tag Gebell, schon zur frühesten Morgenstunde. Zum Teil sind das Riesenköter, die als lebende Alarmanlage dienen. Am Wochenende gehört es zum guten Ton, die Motorsäge laufen zu lassen, denn die Tschechen sind leidenschaftliche Heimwerker – besonders an Sonn- und Feiertagen.

Der Vorteil daran ist, dass man selbst abends im Garten sitzen und feiern kann, ohne dass sich irgendjemand von den Nachbarn beschwert. Generell herrscht in Tschechien also große Toleranz.

Kenia:

Ich persönlich kenne meine Nachbarn nicht. Das liegt einfach daran, dass wir in Nairobi hinter einer hohen Mauer leben, ebenso wie unsere Nachbarn. Jeder verschanzt sich, um nicht überfallen zu werden.

Es wäre durchaus schön, die Nachbarn kennenzulernen. Wir kennen und grüßen aber nur die Wachleute, die sich im Gegensatz zu den Nachbarn nicht hinter, sondern vor dem Zaun aufhalten. Von ihnen weiß ich sogar die Namen.

Eine Sache jedoch bekommen wir definitiv von den Nachbarn mit: Lärm. Mein direkter Nachbar besitzt viele große Hunde, die er abends alle rauslässt, damit sie das Grundstück sichern. Die bellen ganz fürchterlich.

Italien:

In Italien gilt: *My home is my castle*. Die Privatsphäre ist heilig. Dass man sich unter Nachbarn näher kennenlernt und sich auch mal gegenseitig einlädt, ist eher unüblich. Ich fühle mich hier schon als Ausländer und bekomme regelmäßig zu spüren, dass ich nicht dazugehöre. Obwohl ich als Deutscher einer von den »guten« Ausländern bin, ein Vorbild für die Italiener.

Wir haben eine Pianistin im Haus, die oft ausgerechnet dann übt, wenn ich gerade schlafen will. Würde ich zu ihr gehen und deutlich werden, so wie in Deutschland, dann wäre ich der Oberlehrer. Also muss ich eher leise Andeutungen machen und sagen: »Sie spielen aber sehr schön! Könnten sie vielleicht mal etwas anderes spielen?« So etwas wird hier verstanden.

Belgien:

In Belgien verhält man sich diskret. Überprüfen, ob der Nachbar den Müll zur richtigen Zeit nach draußen stellt und sein Auto richtig geparkt hat, das ist hier ein absolutes No-Go. In Belgien gilt so wie in England: Mein Heim ist mein Schloss! Was in den eigenen vier Wänden passiert, geht niemanden etwas an.

Ein paar Häuser weiter wohnt ein Nachbar mit vier Kindern. Das an sich ist nicht das Problem, nur hat er auch noch vier Hunde, und sein Garten misst gerade einmal 150 Quadratmeter. Da heißt es für mich: Tief durchatmen. Das habe ich von einer anderen Nachbarin gelernt. Als Belgier mischt man sich nicht ein. Obwohl ich manchmal schon den Impuls habe, zu sagen: »Mensch, könnt ihr nicht mal ein bisschen ruhiger sein?« Doch ich halte brav meinen Mund.

Mexiko:

Als ich eingezogen bin, habe ich mich meinen Nachbarn vorgestellt. Das ist, wie ich jetzt weiß, ziemlich ungewöhnlich in Mexiko. Ich wohne in einem Haus mit 13 Stockwerken, und meine unmittelbaren Nachbarn sind eigentlich ganz nett. Doch entstanden ist daraus nichts.

Nach dem schweren Erdbeben vor ein paar Jahren hatten wir allerdings ein gemeinschaftliches Erlebnis. Die Nachbarschaft ist damals von Wohnung zu Wohnung gezogen und hat gegenseitig die Erdbebenschäden begutachtet. Bei mir war viel Putz abgesprungen, und so ähnlich sah es auch bei den Nachbarn aus. Die Frau direkt nebenan erzählte, dass es fürchterlich gewesen sei, weil sie zur Zeit des Erdbebens in ihrer Wohnung im 12. Stock war.

Ansonsten kann man in Mexiko schalten und walten wie man möchte, es herrscht die reinste Anarchie – was andererseits zur Folge hat, dass man keinerlei Rücksicht nimmt auf seine Mitbewohner. Man darf also jederzeit volle Granate die Anlage aufdrehen, und es kommt kein Mensch.

Stefan Heinlein, Prag
Antje Diekhans, Nairobi
Stefan Troendle, Rom
Doris Simon, Brüssel
Martin Polansky, Mexiko-Stadt

RADIO

Los Angeles +++ Buenos Aires +++ Peking +++
Tel Aviv +++ Istanbul

USA:

Radio hören in LA und in den USA generell ist manchmal sehr frustrierend. Es läuft entweder Country oder Rock oder Pop, und zwar ausschließlich. Oder man ist eher fürs Wort, dann lauscht man den äußerst meinungsfreudigen Talkradiosendern, auf denen teilweise richtig gehetzt wird. Wieder andere mögen es eher religiös, für die gibt es in den USA natürlich kirchliche Radiosender.

Was mir am amerikanischen Radio wirklich missfällt, ist die häufige lautstarke Werbung. Die einzige Ausnahme dabei bildet NPR, das National Public Radio, die Grand Dame unter den amerikanischen Radiosendern. Das NPR besitzt ein sehr großes Korrespondentennetz auf der ganzen Welt und ist einer meiner Lieblingssender.

Argentinien:

Radiohören in Argentinien bedeutet eine große Umstellung für mich. Wortsender im Speziellen und öffentlich-rechtlichen Rundfunk im Allgemeinen gibt es nicht. Das Radio steht hier auf privaten Füßen.

Die paar wenigen Infosender empfängt man nur schlecht, die senden teilweise sogar auf Mittelwelle. Hier ist es üblich, dass man Musik hört oder Fußball.

Die Werbung wird direkt während der Moderation von den Moderatoren selbst gesprochen. Das geht so weit, dass während einer Fußballreportage, wenn der Ball kurzzeitig ruht, der Moderator dann auch rasch die Werbung einbringt. Man stutzt natürlich, wenn während solch einer Reportage plötzlich Putzmittel oder Automarken thematisiert werden. Die Moderatoren sagen dann Dinge wie: »Ja, kaufen sie dieses Produkt, ich selbst kenne es und bin damit sehr zufrieden!« Sie identifizieren sich schlicht mit dem, was ihrem Sender Geld bringt. Genauso ist es bei den Musiksendern. Auch dort wird die Werbung von den Moderatoren zum Teil selbst gesprochen.

China:

Es gibt zwar Radio in China, aber im Grunde handelt es sich dabei um ein aussterbendes Medium. Features oder Hörspiele sind mir in China noch gar nicht begegnet. Wenn überhaupt gesprochen wird, dann in Form von Talkshows. Ein sorgfältig produziertes radiofones Erlebnis, das wird man in China vergeblich suchen.

Im chinesischen Radio wird sehr viel Dudelmusik gespielt. Ich nenne das Mandopop (Mandarin Popular Music), chinesische Schnulzen, die hier sehr gut ankommen, wo ich ein Stück nicht vom anderen unterscheiden kann.

Wenn ich zu manchen Gelegenheiten erwähne, dass ich vom Radio komme, schauen mich die Leute erstaunt an und sagen: »Wie, Radio? Das gibt es noch? Das ist ja letztes Jahrhundert!«

Israel:

Israel ist ein radiobegeistertes Land mit einer Menge Radiosendern. Es gibt große nationale Hörfunksender in Israel, und es gibt den Armeerundfunk, der sehr wichtig ist für die Information. Radio ist schon allein deshalb von großer Wichtigkeit, weil jeden Moment etwas passieren kann. Das steckt den Leuten in den Knochen. Sobald es wieder einen Anschlag gab, schalten alle sofort das Radio an. In sämtlichen Geschäften läuft das Radio, und auch bei Leuten auf der Straße ist häufig ein kleines Radio mit Ohrhörern zu sehen, vor allem morgens, wenn stundenlang Wortprogramme laufen. Später am Tag werden dann auch Musikprogramme gesendet. Das Interessante ist, dass sich die Musik, die Israelis und Araber hören, oft ziemlich ähnelt.

An Feiertagen wie an Jom Kippur, dem höchsten jüdischen Feiertag, machen alle Radiostationen und alle Fernsehstationen zu. Dann geht das ganze Land in den Ruhezustand. Erst abends nach Sonnenuntergang werden alle Tätigkeiten wieder aufgenommen.

Türkei:

Beim Radio hierzulande handelt es sich um ein Musikmedium. Wenn ich mit türkischen Bekannten ins Gespräch komme und erwähne, dass ich für das Radio arbeite, kommt oft die Nachfrage: »Dann bist du also DJ?«

Wer an Verkehrsmeldungen in Istanbul interessiert ist, schaltet Radyo Trafik ein. Auf diesem Kanal laufen weder Musik noch Nachrichten, sondern den ganzen Tag ausschließlich Staumeldungen, und zwar pausenlos. Das scheint nie langweilig zu werden.

Nicole Markwald, Los Angeles
Julio Segador, Buenos Aires
Ruth Kirchner, Peking
Christian Wagner, Tel Aviv
Thomas Bormann, Istanbul

WÄSCHE WASCHEN

Moskau +++ Tokio +++ Neu-Delhi +++ Kairo +++
Stockholm

Russland:
Die Russen waschen ihre Wäsche mittlerweile auch in Waschmaschinen. Anders als zu Sowjetzeiten ist eine solche Gerät-
schaft kein Luxusgut mehr.

In Moskau ist man allerdings gut beraten, seine Wäsche drinnen aufzuhängen, ansonsten würde sie an der furchtbar drecki-
gen Luft rasch ergrauen.

Japan:
In Tokio gibt es sehr viele Waschsalons, denn in den kleinen Ap-
partements hat man nicht immer Platz für eine Waschmaschine.
Für einen zusätzlichen Trockner schon gar nicht. Möglich ist gegen das entsprechende Kleingeld alles, aber die Japaner besitzen
entweder nicht so viel Geld oder geben für solche Dinge nicht
so viel aus.

Der Platzmangel führt außerdem dazu, dass die Tokioer ihre
Wäsche gerne im Freien trocknen, ob auf einen winzigen Balkon
oder aus dem Fenster gehangen. In Tokio herrscht nämlich – obwohl es die größte Metropolregion der Welt ist – eine unglaub-
liche Sauberkeit. Insofern ist das Lufttrocknen gar kein Problem.

Indien:
Ich wasche meine Sachen hier selbst, obwohl es auch dafür jemanden gäbe. In jedem Fall passt Stella, die hier im Haus ange-
stellt ist, auf die zwanzig Jahre alte Waschmaschine auf. Wenn ich
wasche, steht sie immer hinter mir und erteilt ihre Kommandos.

Weil Neu-Delhi eine Smogstadt ist, muss man aufpassen, dass die Wäsche nicht dreckiger in den Schrank wandert, als sie in die Waschmaschine gekommen ist. Ich hatte selbst schon schwarze Rußpartikel auf einem weißen Pulli, als ich die Wäsche draußen getrocknet habe. Trotzdem wird die Wäsche in der Regel draußen aufgehängt. Familien, die auf der Straße leben, hängen ihre Wäsche also an irgendeinen Pfahl, über einen Zaun oder über Büsche.

Die meisten Menschen waschen in Indien mit der Hand. Das ist nicht nur eine Frage des teuren Geräts, sondern auch der Elektrizität. In Neu-Delhi fällt nämlich mehrmals am Tag der Strom aus. Strom weg, Licht aus, Waschmaschine aus, Ende Gelände.

Zahlreiche Familien lassen waschen. Das Wäschegeschäft ist – wie so vieles in Indien – ebenfalls nach Kasten aufgeteilt. Die klassische Kaste, die sich um das Wäschewaschen, Trocknen und Bügeln kümmert, sind die *Dhobis*, eine der untersten Kasten.

Ägypten:

Was ich in Kairo sehr interessant finde: In den Reinigungen und Wäschereien an jeder Straßenecke bügeln Männer an riesigen, uralten, fast schon antiken Dampfbügeleisenmaschinen Hemden. Auf offener Straße.

Mir ist außerdem sofort aufgefallen, dass die Leute ihre Wäsche zum Trocknen auf den Balkon hängen. Oder sie spannen dazu Leinen über die Straßen.

Die meisten Leute auf dem Land verfügen nicht über fließendes Wasser und müssen schauen, woher sie es bekommen. Meistens gibt es zum Glück Quellen in der Nähe. Am Nil, in Oberägypten, wird zumeist noch per Hand gewaschen. In der Regel kümmern sich dort die Frauen um die Wäsche – eine körperlich sehr anstrengende Arbeit.

Schweden:

Wäsche waschen kann in Schweden ein ganz heikles Thema sein. In fast jedem Mehrfamilienhaus gibt es nämlich eine Waschküche mit drei oder vier gemeinschaftlichen Waschmaschinen, um die sich andauernd gestritten wird. Man muss sich, wenn man Waschen möchte, zunächst auf einer Tafel eintragen. Mittlerweile sollen diese Terminabsprachen vielerorts topmodern über das Internet funktionieren, aber das geht ständig schief. Dann verwandeln sich die Waschkeller in Stockholm in eine wahre Zettelhölle. Meine Kollegin hatte erst letzte Woche einen typischen Zettel auf ihrer Wäsche kleben, auf dem stand: »Hier wohnen zwei Idioten, die zu dumm sind, das Flusensieb zu säubern!« Schön anonym und dämlich.

Inzwischen wurde sogar ein ganzes Buch über dieses Phänomen veröffentlich. Es trägt den schönen Titel: *Wer die Flusen nicht entfernt, muss sterben*.

Gesine Dornblüth, Moskau
Peter Kujath, Tokio
Sandra Petersmann, Neu-Delhi
Hans-Michael Ehl, Kairo
Tim Krohn, Stockholm

ZAHNPFLEGE

Moskau +++ Neu-Delhi +++ Shanghai +++ Nairobi +++
Warschau

Russland:

Gott sei Dank habe ich ziemlich gute Zähne, worüber ich speziell in Moskau extrem froh bin. Wer schlechte Zähen hat und längere Zeit durch Russland reist, der sollte gute Schmerztabletten mit sich führen.

Was man so sieht, wenn man durch das weite Land fährt, das wirkt doch ein bisschen einschüchternd: unterschiedliche Oberzahn- oder Unterkieferkonstellationen mit großen Lücken zwischen den Zähnen. Manchmal sieht man sogar noch Metallgebisse. Und bei den Menschen aus dem Kaukasus, die man in Moskau häufig antrifft, gelten Goldzähne nach wie vor als Zeichen von Wohlstand und Reichtum.

Wer es sich von den Einheimischen leisten kann, der geht für eine Zahnbehandlung ins Ausland, insbesondere nach Berlin.

Indien:

Was den Zahnarzt betrifft, so bin ich egal in welchem Land der größte Angsthase unter der Sonne. Aber ich weiß, dass hier in Neu-Delhi zum Glück eine ganz fantastische junge Zahnärztin praktiziert.

Das Verrückteste, was mir hier in Indien täglich begegnet, sind Zahnärzte, die ihre Patienten auf offener Straße behandeln. Sie hantieren munter mit Zangen und Drähten und führen Zahnreparaturen – inklusive richtiger Operationen – auf dem Bürgersteig durch. Das sind jedoch keine Mediziner, sondern eher Klempner, die das Zahnpflegehandwerk vom Vater oder vom Großvater erlernt haben. Sie behandeln jene Menschen, die weniger als einen Euro am Tag verdienen – davon gibt es in Indien etwa 400 Millionen.

China:
Zum Zahnarzt gehen viele ältere Menschen gar nicht oder nur selten, deswegen haben sie häufig rabenschwarze Zähne im Mund. Der Vater meines chinesischen Mitarbeiters hier in Shanghai verfährt zum Beispiel folgendermaßen: Wenn einer seiner Zähne am Absterben ist, geht er an den Werkzeugkasten, holt eine Zange heraus und zieht sich diesen Zahn höchstpersönlich.

Die neue Mittelschicht in Shanghai putzt sich jedoch regelmäßig die Zähne und besucht einen der zahllosen Zahnärzte der Stadt. Da gibt es keinen Unterschied mehr zu Deutschland.

Neulich kam ich mit einem Vater ins Gespräch, der gerade mit seinem Sohn beim Zahnarzt war. Er erzählte mir, dass sein Sohn in kieferorthopädischer Behandlung ist, damit er ein schönes offenes Lächeln bekäme. Das wäre heutzutage immens wichtig, um bei Einstellungsgesprächen eine gute Figur zu machen.

Kenia:
In Nairobi gibt es ähnlich wie in Europa Zahnärzte mit einem recht guten Standard. In Kenia auf dem Land hingegen schätze ich manche Leute viel älter, als sie wirklich sind, weil sie keine Zähne mehr haben – und die sind oft erst Mitte dreißig.

Obwohl hier von vielen eine ganz besondere Zahnpflege praktiziert wird. Die Massai und andere Volksgruppen reinigen sich nämlich mithilfe des sogenannten Zahnbürstenbaums die Zähne. Sie nehmen kleine Zweige dieses Baums ab und kauen darauf herum. Wissenschaftler haben festgestellt, dass die Äste des Zahnbürstenbaums tatsächlich fluorhaltig sind. Die Pflege damit scheint auch gut zu funktionieren.

Polen:

In Polen sind richtig schlechte Zähne eher selten. Allerdings sind die Zähne hierzulande durchaus ein Spiegel der Brieftasche, denn man muss die Kosten für den Zahnarzt fast komplett aus eigener Tasche bezahlen – für Erwachsene, aber auch für Kinder. Zwar kann man sich für zahnmedizinische Behandlungen versichern, doch wer zu den Zahnärzten geht, die über diese Versicherung abrechnen, erhält sowohl eine schlechte Behandlung als auch schlechtes Material. Deshalb tragen die meisten die Kosten lieber selbst.

Da der Zahnarzt in Polen günstiger ist als in Deutschland und der Standard trotzdem recht hoch ist, begeben sich viele Deutsche aus den Grenzregionen zur Behandlung hierher. Gemessen an den Gehältern ist die Behandlung für die Einheimischen selbst allerdings unglaublich teuer.

Gesine Dornblüth, Moskau
Sandra Petersmann, Neu-Delhi
Markus Rimmele, Shanghai
Antje Diekhans, Nairobi
Sabine Adler, Warschau

ÖFFENTLICHES

ÄMTER

Moskau +++ Tel Aviv +++ Rabat +++ Tokio +++ London

Russland:
Russische Ämter – das ist ein ganz schwieriges Thema. Man kommt hier um die Ämter nicht herum, und der Tag, an dem man sie besuchen muss, ist ein schwarzer Tag.

Es ist zum Beispiel so, dass man sich als Ausländer in Moskau polizeilich registrieren muss. Man ist verpflichtet, die sogenannte *Propiska*, ein Zettel mit einem ganz bestimmten Stempel, stets bei sich zu tragen. Stempel sind hier generell extrem wichtig, und zwar runde Stempel, so viel weiß ich inzwischen. Runde Stempel sind wichtiger als eckige Stempel.

Zahlreiche Leute leben hier in Moskau ohne diese *Propiska* und müssen Tricks anwenden, weil man sich ohne dieses Papier sogar als nicht in Moskau gemeldeter Einheimischer nicht länger als drei Monate in der Hauptstadt aufhalten darf. Freunde von mir haben beispielsweise immer ein aktuelles Zugticket in der Tasche, damit sie belegen können, gerade hier angekommen zu sein. Durch die terroristischen Anschläge ist die Moskauer Polizei sehr wachsam, besonders gegenüber Kaukasiern und allen Menschen, die nicht russisch aussehen.

Bestechung ist gefährlich, denn es ist auch in Russland ungesetzlich. Deswegen mache ich das natürlich nicht. Es heißt aber immer wieder, dass die Einheimischen einen Umschlag mit Geld dabeihaben, wenn sie nicht an neun unterschiedlichen, sondern nur an einem Schalter warten müssen.

Israel:

Der israelische Beamte ist in der Regel nicht anwesend. Er ist meistens gerade in der Pause, oder er ist schon gegangen, oder er ist noch nicht anwesend.

Die von mir am meisten gehasste Behörde ist die Führerscheinbehörde, mit der ich leider oft zu tun habe, da ich jedes halbe Jahr den israelischen Führerschein erneuern muss. Das ist natürlich bürokratischer Schwachsinn vom Feinsten.

Man zieht üblicherweise Wartenummern. Ohne würde es in Israel nicht funktionieren. Das hatte man irgendwann versucht, die Folge war Zeter und Mordio. Nummern sind hier also die absolute Grundlage eines geregelten Ablaufs.

Marokko:

Auf den Ämtern in Rabat, wie auch in Marokko insgesamt, benötigt man sehr viel Geduld und einen langen Vorlauf. Man kann hier zwar Nummern ziehen, aber jeder versucht trotzdem noch zu diskutieren und erzählt irgendwelche Geschichten. Das Kind ist krank oder die Frau oder die Mutter – es findet stets ein lustiges Fabulieren auf den Ämtern statt, um dieses System mit den Nummern, nach dem sich eigentlich jeder richten könnte, außer Kraft zu setzen.

Allein um ein Auto anzumelden, habe ich in Rabat sechs verschiedene Ämter und drei verschiedene Ministerien besucht. Das Ganze hat dann auch entsprechend lange gedauert: drei Monate.

Bei bestimmten Stellen kann und sollte man in die Papiere einen Schein reinlegen. Man kommt sich dabei wirklich schäbig vor, aber so funktioniert eben das System. Oder man geht zu den Ämtern, in denen ein Bekannter sitzt. Letztlich kommt es immer auf Beziehungen an.

Japan:
Die Ämter hier sind gut organisiert, in dieser Hinsicht sind die Japaner Klasse, und es steht auch jeder artig in der Schlange. Das Problem ist nur, dass wirklich alles sehr minutiös abläuft, und wehe, du hast nicht die richtigen Stempel. Dann kann die Übergenauigkeit der Japaner schon mal nerven. Ich bin auf dem Amt nicht der einzige Ausländer, der mit den Füßen scharrt und bei sich denkt: »Nun macht doch mal bitte hin.« Die Japaner jedoch sind geduldig. Da fällt kein böses Wort, man wartet einfach. Insofern ist die Stimmung entspannt.

Regelmäßig aufs Amt muss ich allein schon wegen meines Führerscheins, denn man ist verpflichtet, den alle drei Jahre zu erneuern. Es gibt nur eine einzige Stelle in Tokio für mich, wo ich das in Angriff nehmen kann – so wie für viele andere leider auch. Insgesamt muss ich dort sage und schreibe zehn Stationen abklappern. Das fängt mit einem Augentest an und hört mit einem neuen Passfoto auf. Sich vorher dafür anzumelden ist nicht möglich. Wobei die Schlangen sowieso nicht das Problem sind, sondern einfach nur die Anzahl der Stationen. An jedem Schalter erhält man ein kleines Kärtchen, das einen erst berechtigt, zum nächsten Schalter zu gehen.

Großbritannien:
Persönlich musste ich noch nie auf einem Amt erscheinen, weil man die Behördengänge in London fast ausschließlich im Internet absolvieren kann. Ob man ein Auto anmeldet, eine Mülltonne bestellt oder Gemeindesteuern bezahlt – das und vieles mehr lässt sich ziemlich bequem im Netz erledigen.

Was allerdings amtsähnliche Stellen betrifft – Strom- oder Telefonunternehmen zum Beispiel –, so ist man denen hilflos ausgeliefert. Als ich eine aufgrund vieler Auslandsgespräche ziemlich hohe Telefonrechnung hatte, sperrte mir mein Provider mir nichts, dir nichts das Telefon für ein paar Tage. Ich rief dort an und musste mich zunächst einmal durch die Hotline kämpfen. Als ich endlich jemanden sprechen konnte, hieß es, meine Rechnung sei ungewöhnlich hoch. Ich wies darauf hin, dass ich doch eine Einzugsermächtigung erteilt hätte, doch das interessierte nicht. Die sagten, ich müsse erst einen Teil der Rechnung bezahlen, bevor ich mein Telefon wieder benutzen könne. Das hat dann ganze drei Tage gedauert.

Gesine Dornblüth, Moskau
Sebastian Engelbrecht, Tel Aviv
Alexander Göbel, Rabat
Peter Kujath, Tokio
Jochen Spengler, London

ÄRZTE

Shanghai +++ Moskau +++ Mexiko-Stadt +++ Rabat +++
Nairobi

China:
Ärzte sind in China heute oft noch Halbgötter in Weiß, wie das
früher in Deutschland auch der Fall war.

Ich gehe hier übrigens nicht zu Ärzten, die traditionelle chinesische Medizin betreiben. An diese Heilmethode kann ich
nicht glauben – und diese Einstellung teile ich nebenbei bemerkt
mit sehr vielen Chinesen. Wer es sich leisten kann, besucht in
der Regel einen guten, westlich ausgebildeten Arzt. Das, was als
traditionelle chinesische Medizin im Westen großen Anklang
findet, gibt es in China kaum noch, der Großteil der Mediziner
arbeitet wie die westlichen Kollegen.

Akupunktur hingegen wird hier natürlich praktiziert, ist aber
eine eher profane und zugleich rabiate Angelegenheit. Die Nadeln werden ruckzuck reingedonnert, und dann zahlt man. Geholfen hat mir die Behandlung ehrlich gesagt nicht.

Russland:
Bislang war ich in Russland noch nicht krank und war deshalb
auch noch nicht beim Arzt. Gott sei Dank. Im Falle einer Krankheit würde ich definitiv in ein europäisches Ärztezentrum gehen. Ansonsten schiebe ich meine Routineuntersuchungen bis
zu meinem nächsten Deutschlandbesuch auf.

Generell gibt es hier zwar ein Krankenversicherungssystem,
doch das deckt nicht alles ab. Dass man wie in Deutschland mit
seiner Karte zum Arzt geht und behandelt wird – mal besser, mal
schlechter –, so läuft das hier nicht. Möchte man gut behandelt

werden, ist es üblich, Extra-Geld zu zahlen oder eine Schachtel Pralinen mitzubringen. Ansonsten ist man aufgeschmissen. In der Praxis steht ein Kästchen auf dem Tisch, in das man reinsteckt, was man so für richtig hält. Die Russen gehen im Gegensatz zu mir damit völlig entspannt um. Das ist natürlich alles total illegal, die Russen aber sind damit aufgewachsen und haben ihre Erfahrungswerte, wie viel sie bei welcher Gelegenheit rüberschieben, ohne rot zu werden.

Mexiko:
In Mexiko existiert eindeutig eine Zwei- bis Drei-Klassen-Medizin. Da gibt es diese Billigapotheken mit angeschlossener Arztpraxis, bei der ein Besuch lediglich dreißig Pesos kostet, das sind umgerechnet nicht einmal zwei Euro. Im Grunde eine tolle Sache, für zwei Euro zum Arzt zu gehen. Ich habe jedoch die starke Vermutung, dass diese Ärzte gar keine Ärzte sind. Diese Menschen sind vor allen Dingen dazu da, so viele Medikamente wie möglich zu verschreiben, die man praktischerweise gleich in der Apotheke von Dr. Simi – so heißt die Kette – kaufen kann. Und was diese Ärzte immer sofort verschreiben, das sind Antibiotika. Ihr Motto: Hilft immer, hilft gegen alles! Letztlich hat man es hier mit einer reinen Geldschneiderei, einem Lockangebot zu tun: Billig zum Arzt und dann teure Medikamente kaufen.

Ansonsten ist es in Mexiko üblich, dass an die Kliniken auch private Arztpraxen angeschlossen sind. Dort wird man gerne und sofort behandelt, wenn man das nötige Geld hat. Was mir auffällt, ist, dass es in den Praxen wenig Privatsphäre gibt. Meiner Beobachtung nach haben die Mexikaner wenig Hemmungen, ihre Krankengeschichte noch vor zehn anderen zu erzählen. Das wäre in Deutschland undenkbar.

Marokko:

Wenn ich krank bin, gehe ich hier in Rabat zu einer privaten Klinik, zur Klinik der Vereinten Nationen. Dort wird man als Erstes gefragt, ob man Bargeld dabeihat. Kann man nicht bezahlen, wird man nicht behandelt, auch wenn einem der Arm abfällt. Ich habe schon Dramatisches hier erlebt. Einen Taxifahrer zum Beispiel, der vor meinen Augen weinte. Dazu muss man wissen, dass marokkanische Männer niemals in der Öffentlichkeit in Tränen ausbrechen. Dieser Mann erzählte mir daraufhin, dass er seine Tochter nicht aus dem Krankenhaus mit nach Hause nehmen darf. Sie war operiert worden, und er konnte die Kosten für diese Operation nicht aufbringen. Obwohl er bereits seine halbe Wohnzimmereinrichtung verkauft hatte. Das Krankenhaus wollte seine Tochter nun so lange dortbehalten, bis er die Behandlung komplett bezahlt hatte. Zutiefst beschämt bat er mich um Hilfe, und ich steckte ihm dann einen Geldschein zu, was uns beiden sehr unangenehm war.

Ich bin froh, diese Geschichte hier erzählen zu können, denn das Marokkanische Gesundheitsministerium hört so etwas nicht gerne.

Kenia

In meinem kenianischen Bekanntenkreis ist vor einiger Zeit der Sohn eines Freundes verunglückt. Er musste dann in Windeseile tausend Euro zusammenbekommen, weil sonst das Bein seines Sohnes amputiert worden wäre. Auch als mein Mann sich einmal die Nase gebrochen hatte, war das, was kam, sehr nervenaufreibend. Es fing damit an, dass wir innerhalb kürzester Zeit eine Menge Bargeld auftreiben mussten. In Kenia ist das Prozedere nämlich folgendermaßen: erst Bezahlung, dann Behandlung. Weil mein Mann auch noch eine Folge-Operation brauchte, beliefen sich die Kosten schließlich auf mehrere Tausend Euro. Wir mussten sogar Freunde anpumpen. Die gesundheitliche Grundversorgung der Kenianer ist eben nicht gedeckt.

Markus Rimmele, Shanghai
Gesine Dornblüth, Moskau
Martin Polansky, Mexiko-Stadt
Alexander Göbel, Rabat
Antje Diekhans, Nairobi

BAHNFAHREN

Shanghai +++ Warschau +++ Rabat +++ Paris +++
Washington

China:
Mit der Bahn fährt man in China gewissermaßen in zwei verschiedenen Epochen. In den alten Zügen ist es nach wie vor
gang und gäbe, dass man sein ganzes Hab und Gut auspackt und
Nudelsuppen kocht. Es essen dort tatsächlich alle ihre Nudelsuppen während der Fahrt. Sogar eine Stewardess kommt vorbei, die heißes Wasser ausschenkt.

In solch einem Zug habe ich einmal eine Fahrt von ein paar
Hundert Kilometern gemacht, die 27 Stunden dauerte. Während diesen 27 Stunden hat der Mann, mit dem ich im Abteil
saß, zwanzig Stunden geschnarcht und sieben Stunden gegess-
en. Beides in einer unglaublichen Lautstärke. Das war nicht
meine schönste Zugfahrt.

Gleichzeitig fährt in China die wahrscheinlich modernste
Bahn der Welt. Diese Züge rasen mit 300 Stundenkilometern
durch das Land und machen Halt an gigantischen Bahnhöfen,
die eher Flughäfen gleichen und dem Bahnfahren einen Flair
vom Fliegen verleihen.

Polen:
Ich bin sozusagen Weltmeister im Bahnfahren, mit dem War-
schau-Berlin-Express als meiner besonderen Disziplin.

Was mir dabei auffällt: In Polen wird im Zug munter drauflos
telefoniert, ohne die geringste Rücksichtnahme. Während einer
dreistündigen Fahrt von Poznan nach Warschau etwa hat die Frau
neben mir ungelogen die ganzen drei Stunden durchtelefoniert.

Ansonsten ist die Ausstattung der Fernzüge – zum Beispiel von Warschau nach Krakau – in einem wirklich desolaten Zustand. Häufig halten die Fußstützen nicht, und das Tischchen, auf das man seinen Kaffee stellen möchte, klappt einfach weg und schlägt einem aufs Knie. Der Service allerdings ist in diesen Zügen großartig. Andauernd kommt jemand mit einem Wagen voll Kaffee und Snacks am Platz vorbei und ist ausgesprochen freundlich.

Marokko:
Bahn fahren klappt auf den Hauptstrecken ausgezeichnet. Das marokkanische Eisenbahnnetz ist erstaunlich gut ausgebaut.

In den Wagen mit einzelnen Abteilen – meistens in der 2. Klasse – ist richtig viel los. Wer Unterhaltung wünscht und neue Leute kennenlernen möchte, ist dort bestens aufgehoben. Das ist sehr lustig – und ein Segen während den ewig langen Fahrten, die Züge halten nämlich an jedem Briefkasten.

Ich fahre oft von Rabat nach Casablanca und leiste mir dabei die relativ günstige Erste Klasse. Die Wagen dort sind klimatisiert, zumindest theoretisch, wenn die Klimaanlage nicht gerade wieder ausgefallen ist.

Frankreich:
Ich fahre sehr viel Zug in Frankreich. Was ich in den hiesigen Zügen wirklich angenehm finde, ist die Ruhe. In den Großraumabteilen wird nicht telefoniert. Wer telefonieren möchte, der geht auf den Flur. Das ist eisernes Gesetz in Frankreich. Man kann also tatsächlich in aller Ruhe lesen, arbeiten oder schlafen.

Die Züge sind in der Regel außerdem sehr pünktlich. Natürlich kann es vorkommen, dass ein Zug auf offener Strecke stehenbleibt, doch die Franzosen reagieren darauf sehr gelassen. Teuer ist das Zugfahren hier auch nicht. Mit etwas Glück kann man die Strecke von Paris nach Marseille für gerade mal 25 oder 30 Euro buchen. Und das Schienennetz ist hervorragend ausgebaut. Das hat damit zu tun, dass Frankreich nicht so dicht besiedelt ist wie Deutschland. Deshalb ist die Tradition der Hochgeschwindigkeitszüge hier sehr viel älter als in Deutschland.

USA:

Als ich einmal vorhatte, mit dem Zug von New Orleans nach New York zu fahren, meinte eine Freundin entsetzt zu mir: »Aber Marcus, Zug fahren, das ist doch Armeleutereisen!«

Ich wollte dann trotzdem ein Zugticket kaufen, musste aber feststellen, dass ich mit dem Zug 38 Stunden gebraucht hätte und dass ein Flug nur unwesentlich mehr kostete. Das Land ist so groß, hier ist man eher mit dem Flugzeug unterwegs.

Markus Rimmele, Shanghai
Sabine Adler, Warschau
Alexander Göbel, Rabat
Ursula Welter, Paris
Marcus Pindur, Washington

BARGELD

Rabat +++ London +++ Tel Aviv +++ Tokio +++ Moskau

Marokko:
In Rabat ist es sehr wichtig, stets Bargeld dabeizuhaben, es steht unheimlich hoch im Kurs. Meiner Meinung nach ist das eine Mentalitätsfrage. Ich habe den Eindruck, dass die Marokkaner ungern Steuern zahlen. Für die meisten Bargeldbeträge bekommt man keine Quittung. Das Geld geht an der Steuer vorbei, wandert von einer Hand in die andere, und keiner stellt irgendwelche Fragen.

Auch meine Miete musste ich eine Zeit lang bar zahlen. Da der größte Schein der 200-Dirham-Schein mit einem Wert von gerade einmal zwanzig Euro ist, musste ich dafür einen kleinen Koffer voller Geld durch die Gegend schleppen.

Die Scheine sind ganz hübsch hier. Auf der einen Seite ist stets das Gleiche zu sehen: Die Konterfeis von Hassan II. und Mohammed VI., dem aktuellen König. Dadurch wird dem Volk tagtäglich klargemacht, wem der Reichtum des Landes letzten Endes gehört.

Großbritannien:
Bargeld benötigt man hier relativ selten, denn inzwischen kann man in London noch so kleine Kleckerbeträge mit der britischen EC-Karte bezahlen.

Relativ ungewöhnlich ist die Tatsache, dass hier trotzdem noch Schecks gebräuchlich sind. Mit denen bezahlt man Handwerker oder Putzfrauen – alle diejenigen, die kein Kartenlesegerät dabeihaben. Wenn man dann gerade kein Bargeld in der Tasche hat, wird gern ein Scheck genommen. Ich habe das durchaus schätzen gelernt.

Ansonsten lässt sich sagen: Die britische Pfundmünze ist ein bisschen schwerer und ein bisschen dicker als der Euro und fühlt sich deshalb wertvoller an.

Israel:

Hier in Tel Aviv ist Bargeld nicht sehr in. Vor allem Kleingeld nicht. Kleingeld wird verachtet. Man zahlt mit großen Scheinen, mit allem anderen macht man sich lächerlich. Außerdem zahlen die Israelis sowieso fast alles mit Karte, selbst wenn sie sich nur ein Eis holen.

Die Währung Schekel gilt auch in den palästinensischen Gebieten. Dort sieht man jedoch deutlich abgegriffenere Scheine, richtige Lappen, wie man sie früher aus Italien kannte. Das liegt daran, dass Gaza vom Bargeldverkehr mit Israel praktisch abgeschnitten ist.

Der größte Schein ist der 200-Schekel-Schein, das sind ungefähr vierzig Euro. Möchte man mal einen größeren Betrag abheben, hat man die Hände voll davon.

Japan:

Die Japaner sind richtige Kreditkartenfans. Sie benutzen ihre Karten derart oft, dass mittlerweile einige Geschäfte Rabatt geben, wenn man bar bezahlt. Ich selbst neige eher zum Bargeld und nehme den Rabatt ganz gerne mit.

Seit der Katastrophe von Fukushima ist es vermutlich nicht nur für mich ein beruhigendes Gefühl, etwas Bargeld in der Hosentasche zu haben. Gerade in Krisensituationen funktionieren die Karten oft nicht. Wir haben uns deswegen im Auto sogar ein kleines Bargelddepot angelegt. Für den Fall, dass wieder ein schweres Erdbeben das Land erschüttert.

Russland:

In manchen russischen Geschäften werden Unsummen Geld gehandelt. 10 000 Rubel und mehr (umgerechnet gut 200 Euro) kosten die Dinge dort, und meistens steht ein russischer Mann an der Kasse in Begleitung einer wesentlich jüngeren Dame. Der Mann greift dann in seine Hosentasche und holt ein Bündel Tausender heraus, als wäre es nichts.

Ich weiß gar nicht, ob ich das russische Geld schön finde, aber es ist oft sehr frisch gedruckt, weil ziemlich viel Bargeld in Umlauf ist. Ein Euro sind umgerechnet ungefähr vierzig Rubel, unter einem Hunderter läuft hier also im Grunde gar nichts.

Alexander Göbel, Rabat
Jochen Spengler, London
Sebastian Engelbrecht, Tel Aviv
Peter Kujath, Tokio
Gesine Dornblüth, Moskau

BÜRGERSTEIGE

Los Angeles +++ Peking +++ Istanbul +++
Buenos Aires +++ Brüssel

USA:

Bürgersteige gibt es auch in den USA, allerdings nicht überall. In manchen Wohngebieten findet man keine Bürgersteige, oder wenn, dann enden sie im Nirgendwo. Die Leute spazieren hier wenig.

Ich wohne in einer Ecke von Los Angeles, wo viele kleinere Einfamilienhäuser stehen. Die Bürgersteige dort sind teilweise in desolatem Zustand. Und wer ist schuld? Die Bäume! Ihre Wurzeln schlängeln sich unter die Bürgersteigplatten und heben sie hoch. Dann entsteht manchmal ein regelrechter Berg- und Tal-Parcours, bei dem man zusehen muss, dass man nicht stolpert. So verwöhnt wie wir in Deutschland mit Bürgersteigen sind die Amerikaner definitiv nicht. Sie erledigen ohnehin alles mit dem Auto.

Am Wochenende finden die sogenannten *Garage Sales* statt. Da misten die Leute ihre Häuser aus und stellen den Kram, den sie verkaufen wollen, auf den Bürgersteig. Dann kann man sich durch ihre Besitztümer wühlen und billig gebrauchte Bücher, Schallplatten oder ein Bücherregal kaufen.

China:

Die Bürgersteige in China sind recht breit. Für die vielen Menschen braucht man eben entsprechend viel Platz.

In Peking verfügen fast alle Bürgersteige über Taststreifen für Blinde. Dann denkt man erst mal: »Wow, das ist ja unglaublich behindertenfreundlich hier!« Leider enden diese Taststreifen oft urplötzlich.

Je breiter der Bürgersteig, desto mehr Menschen und desto mehr fliegende Händler bevölkern ihn. Der Bürgersteig direkt vor unserem Studio verwandelt sich ab 17 Uhr komplett in einen Markt. Das wird so eng, dass man kaum noch durchkommt. In der Pekinger Altstadt werden auch noch Dienstleistungen auf den Bürgersteigen angeboten. Ich habe neulich sogar einen Zahnarzt gesehen, der mitten auf der Straße gebohrt hat.

Auf chinesischen Bürgersteigen geht es generell sehr lebendig zu, und es herrscht immer ein ziemliches Gedränge. Verträumt darf man dort nicht herumlaufen. Man muss stets aufpassen, dass man nicht mit jemandem zusammenstößt, muss bereit sein, auszuweichen und sich seinen Platz erobern.

Türkei:

An manchen Stellen sind die Bürgersteige in Istanbul so eng, dass man nicht zu zweit darauf laufen kann. Wenn dann noch eine Hausecke hineinragt, fehlt der Bürgersteig gleich ganz.

Was ich in dieser Stadt sehr angenehm finde: Die Bürgersteige sind selten zugeparkt. Das liegt einfach daran, dass die Kantsteine oft derart hoch sind, dass man sie nicht einmal mit einem Geländewagen erklimmen kann. Der Nachteil ist: Wer mit dem Rollstuhl unterwegs ist, muss diese Hürden ebenfalls nehmen.

Unter vielen Gehwegplatten in Istanbul sind Hohlräume. Wenn man dann bei Regen auf eine solche wackelnde Platte tritt, drückt man das gesammelte Wasser hoch, und es spritzt aus der Ritze zwischen zwei Platten als Fontaine heraus. Wer da eine helle Hose trägt, kann gleich zur nächsten Reinigung gehen.

Argentinien:

Die Bürgersteige in Buenos Aires sind lebensgefährlich. Wenn man nachts nicht richtig aufpasst, kann man sich dort ohne Weiteres den Knöchel brechen, weil überall große Löcher lauern. Und ein zweites, noch gefährlicheres Problem kommt dazu: Die Bürgersteige sind voller Tretminen.

Ansonsten dienen die Bürgersteige auch gerne als Verkaufsfläche für Kleinhändler. Ich finde das sehr schön, denn da wird verkauft, da wird gescherzt, und das verbreitet eine angenehme Atmosphäre.

Belgien:
In Brüssel sollte man tunlichst mit gesenktem Blick durch die Gegend laufen. Die Bürgersteige hier bestehen aus quadratischen Betonplatten, bei denen zum Teil die Kanten hochstehen. Manchmal bilden sie sogar richtige Krater. Dann werden die Bürgersteige zu üblen Stolperfallen.

Hundekot sieht man hier selten, und auch sonst sind die Gehwege nicht wirklich dreckig. Es gibt nur überall Sandspuren, weil die Platten nicht fest verlegt sind.

Nicole Markwald, Los Angeles
Ruth Kirchner, Peking
Thomas Bormann, Istanbul
Julio Segador, Buenos Aires
Anette Riedel, Brüssel

DIE DEUTSCHEN

Peking +++ Rabat +++ Mexiko-Stadt +++ Rom +++ Istanbul

China:
Die Deutschen sind in China recht beliebt, das erstaunt mich immer wieder, es werden uns hier nämlich ganz ähnliche Stereotypen wie in den übrigen Ländern nachgesagt: Präzise und ernsthaft und auch ein bisschen humorlos seien wir. Die extreme Genauigkeit der Deutschen macht den Leuten beinahe Angst. Die chinesische Haltung ist ja eher ein *Chabuduo*. Das heißt übersetzt: so ungefähr.

Man hat als Deutscher einen echten Bonus, kommt mit den Leuten wahnsinnig schnell ins Gespräch und kann endlos über Bier und Fußball und vor allem Autos reden. Auf Chinas Straßen fahren schließlich sehr, sehr viele deutsche Autos, da gibt es also immer einen Anknüpfungspunkt. Außerdem erzählen die Leute gerne, dass sie irgendein Produkt besitzen, das Made in Germany und furchtbar toll ist. Manche chinesische Firmen machen sogar Werbung, indem sie behaupten, ihr Erzeugnis sei so präzise wie deutsche Technologie.

Wenn nicht über die Produkte aus Deutschland geredet wird, ist man sehr schnell bei Hitler. Wobei es die Chinesen meist unbegreiflich finden, wenn man ihnen sagt, dass man mit diesem Menschen eigentlich ungern in Verbindung gebracht wird. Die Chinesen haben selbst mit ihrer eigenen, jüngeren Vergangenheit ein Riesenproblem. Sie stellen »Schiteler«, also Hitler, auf eine Stufe mit Mao und sagen: »Mao war toll und Hitler war toll. Warum findet ihr das denn nicht auch?«

Marokko:

Wenn man sich in Marokko als Deutscher outet, dann gibt es oft ein kleines Raunen, der Daumen des Gesprächspartners geht hoch und die Miene hellt sich deutlich auf.

Insgesamt muss man teilweise wirklich staunen, was für ein Deutschlandbild die Menschen hier haben. Viele Marokkaner glauben tatsächlich, dass jeder Deutscher mehrere Mercedes-Benz in seiner Garage stehen hat. Interessant ist auch, dass die Menschen in Rabat den Deutschen ein wenig nacheifern — insbesondere durch die Wahl ihres Autos. Die deutschen Autos gelten hier als wichtige Statussymbole, vor allem große SUVs.

Es ist gar nicht einfach, den Marokkanern zu erklären, dass es in Deutschland Menschen gibt, die unter der Armutsgrenze leben. Das wollen die Marokkaner partout nicht hören, vielleicht, weil das ihr Idealbild von Deutschland stört.

Und Adolf Hitler finden hier erschreckenderweise viele Menschen gut, aus politischen und antisemitischen Gründen.

Mexiko:

In Mexiko muss man nur sagen, dass man aus Deutschland kommt, dann steigt man sofort im Ansehen. Die Mexikaner wissen nämlich dann, dass man kein US-Amerikaner ist. Gegenüber Deutschland besitzen sie keine Vorurteile, weil sie im Grunde gar kein Bild von Deutschland haben. Zu diesem Land fällt den Mexikanern nur Fußball, Autos und Hitler ein. In jeweils wechselnder Reihenfolge. Autos verbinden die Mexikaner wegen des VW-Käfers mit Deutschland. Der wurde hier noch bis 2003 gefertigt.

Ich habe vor kurzem einen jüngeren Typen im Bus gesehen, der tatsächlich *Mein Kampf* las. Da dachte ich nur: »Hallo? Geht's dir sonst noch gut?« Lustigerweise wurde ich zwei Mal unabhängig voneinander gefragt, ob ich Hitler noch miterlebt hätte und wie der denn so sei. Manche Leute glauben auch, Hitler hätte die Mauer gebaut. Diese Figur ist hier ziemlich präsent, und man muss sich als Deutscher in Mexiko damit regelmäßig auseinandersetzen.

Italien:

Es gibt einen alten Spruch, der besagt: Die Deutschen lieben die Italiener, aber sie achten sie nicht. Die Italiener wiederum achten die Deutschen, aber sie lieben sie nicht.

Ich höre die Italiener oft erzählen: »Ich war gerade in Deutschland, das ist ja ein tolles Land. Dort sind die Politiker nicht so korrupt wie hier bei uns, dort gibt es Jobs und gutes Bier, und die Straßen sind sauber. Wenn nur die Deutschen nicht wären.«

Wir werden nicht so wahnsinnig geschätzt von den Italienern – allein schon wegen der Art zu essen, sich zu kleiden und sich zu benehmen.

Gerne wird auch nachgeahmt, wie Deutsche italienisch sprechen. Papst Benedikt musste dafür oft herhalten, wie er zum Beispiel sagte: »Otschi e una tschornata di tschoja« – solch eine Aussprache ist natürlich Wasser auf die Mühlen derer, die meinen, dass es die Deutschen mit fremden Sprachen nicht so richtig haben. Das Harte, Deutschklingende, würden wir einfach nicht los.

Türkei:

Die Deutschen genießen in der Türkei einen guten Ruf. Wenn man in irgendeinem Dorf im tiefsten Anatolien sagt: »Ich komme aus Deutschland, aus Alemania«, dann strahlt das Gegenüber und erwidert: »Ah, Bayern München, Schweinsteiger, Lahm!« Der Fußball spielt hierzulande eine große Rolle, die deutschen Fußballkünstler werden schwer bewundert, und das verleiht dem Image der Deutschen einen positiven Anstrich. Millionen von Türken haben zudem irgendwann in Deutschland gelebt und erinnern sich fast alle gerne zurück.

Allerdings schaut man oft auch skeptisch nach Deutschland

und sagt: »Ihr mit eurer Nazi-Geschichte. Warum passiert es immer wieder, dass unsere Landsleute schief angeguckt oder sogar als Bürger zweiter Klasse behandelt werden?«

Für diese klassischen Tugenden wie Pünktlichkeit und Genauigkeit werden wir Deutschen wiederum bewundert.

Ruth Kirchner, Peking
Alexander Göbel, Rabat
Martin Polansky, Mexiko-Stadt
Jan-Christoph Kitzler, Rom
Thomas Bormann, Istanbul

EHRENAMT

Stockholm +++ Shanghai +++ Moskau +++ Madrid +++
Warschau

Schweden:
Jeder zweite Schwede übt mindestens ein Ehrenamt aus, womit
die Quote definitiv höher als in Deutschland liegt. 14 Stunden
pro Monat opfern die Schweden im Durchschnitt für den guten Zweck.

Zu den etwa 200 000 ehrenamtlichen Vereinigungen zählt
zum Beispiel auch die alte Abstinenzlerbewegung, die relativ
mächtig und einflussreich ist. Sie veröffentlicht Infomaterial und
betreibt klassische Lobbyarbeit bei den Politikern. In Schweden
wurde früher nämlich extrem viel getrunken, das Land liegt am
Wodkagürtel dieser Welt, und deshalb hält der große Kampf gegen den Alkohol noch immer an.

Ganz interessant fand ich das große Engagement in den Vororten von Stockholm, als im Mai 2013 die Autos brannten. Damals fanden sich überall spontan Nachbarschaftshilfen zusammen, um die Straßen nachts zu kontrollieren. Die Menschen
dieser Nachbarschaftshilfen suchten auch das Gespräch mit den
Jugendlichen und taten im Grunde genommen das, was staatliche Sozialarbeiter hätten tun sollen. Schwedens Sozialstaat ist
ohne die vielen ehrenamtlichen Helfer kaum noch denkbar.

China:
In China gibt es kaum Ehrenämter. Eine spezielle Eigenart der
chinesischen Kultur steht dem Ehrenamt meiner Meinung nach
entgegen: Man opfert sich nur für Freunde und Familie auf. In
diesem engen Kreis herrscht absolute Solidarität. Sich aber für

etwas Abstraktes wie das Wohl der Allgemeinheit einzusetzen, das finden die Chinesen eigenartig.

Ich weiß von einer Deutschen hier in Shanghai, die unbedingt in einem Waisenhaus arbeiten wollte – ehrenamtlich. Aber keines hat sie genommen. Die Vorstellung, dass man arbeitet, ohne Geld dafür haben zu wollen, ist für die Einheimischen absurd.

Es gibt durchaus junge Leute in China, die hier und da Missstände sehen und denken, dass sie dort etwas tun müssten. Die meisten Eltern, die so etwas von ihren Kinder zu Ohren bekommen, würden ihnen allerdings sagen: »Hör sofort auf damit. Geh lieber auf eine gute Uni und verdiene Geld, anstatt so einen Quatsch für andere zu machen!«

Russland:

Ich bemerke, dass die Russen unheimlich hilfsbereit sind. Sie engagieren sich in hohem Maße für ihre Nachbarn und Bekannten – auf einer formalisierten Ebene aber eher nicht.

Anderen zu helfen, ist regelrecht angesagt unter jungen Leuten. Als zum Beispiel letztes Jahr der Süden Russlands überflutet wurde, haben sich viele junge Leute einfach aufgemacht und sind dort hingefahren, um mit anzupacken. Das lief vollkommen unorganisiert.

Die Russen haben einen etwas anderen Begriff vom Ehrenamt. Ehrenamtlich bedeutet hier, dass kremlnahe Organisationen versuchen, Jugendliche für ihre Dienste zu verpflichten. Diese Jugendlichen erhalten einheitliche Uniformen, weiße Polohemden, auf deren Rücken zu lesen ist: *Dobrawoliez*. Das heißt übersetzt: Ehrenamtlicher. Tatsächlich!

Spanien:

Es gibt in Spanien fünf Millionen Ehrenamtler, die ihren Dienst an der Gemeinschaft verrichten – die sogenannten *Voluntarios* –, das ist eine ganze Menge bei vierzig Millionen Einwohnern.

Im Herbst gibt es einen Tag, an dem die Freiwilligen den Müll rechts und links der Straßen wegräumen. Auch den Strand säubern sie dann.

Anders als in Deutschland wird hier von Ehrenamtlichen nicht nur Geld für Bedürftige gesammelt, sondern auch Lebensmittel. Die stellen sich dann an Supermarkteingänge und bitten die Leute: »Kauft doch bitte dies und jenes noch mit ein und gebt uns das dann.« Manchmal bekommt man sogar eine Tüte in die Hand gedrückt, die extra dafür vorgesehen ist.

Polen:
In Polen ist das Ehrenamt vor allem eine Sache der Jugend. Ich denke, dahinter steckt der Wunsch nach Abgrenzung von der älteren Generation, die ihrer Meinung nach zu materialistisch ist.

In ganz Polen schwärmen junge Leute am zweiten Sonntag im Jahr aus, um Geld zu sammeln für eine Wohltätigkeitsorganisation, der es vor allem um eine bessere Ausstattung für Krankenhäuser geht. Jeder, der an diesem Tag Geld spendet, erhält ein rotes Herz als Abzeichen, und an diesem zweiten Sonntag im Jahr sieht man die Mehrheit der Polen mit diesem roten Herzen herumlaufen.

Tim Krohn, Stockholm
Markus Rimmele, Shanghai
Gesine Dornblüth, Moskau
Reinhard Spiegelhauer, Madrid
Sabine Adler, Warschau

EMANZIPATION

Peking +++ Los Angeles +++ Mexiko-Stadt +++
Tel Aviv +++ Rom

China:
Ich erlebe die chinesischen Frauen als sehr emanzipiert, sehr
durchsetzungsfähig und sehr fordernd – auch wenn der chinesische Mann lieber eine Frau an seiner Seite hat, die er dominieren
kann. Die sogenannten *San Gau*-Frauen haben es deshalb besonders schwer, einen Mann zu finden. *San gau* bedeutet »drei Mal
hoch«. und bezieht sich auf die drei Vorzüge dieser Frauen: Sie
sind hochgewachsen, besitzen eine gute Ausbildung und dazu
noch ein hohes Einkommen.

Im Gegensatz dazu steht die *Ernai*, die Zweitfrau, die vom
Geld ihres Liebhabers lebt. Zwar wird dieses Konzept von der
chinesischen Gesellschaft mittlerweile scharf kritisiert, denn
Frauen sollten nach mehrheitlicher Meinung höhere Ziele haben, als die Zweitfrau eines reichen Chinesen oder eines Par-
teifunktionärs zu werden. Doch die Zweitfrau ist beileibe nicht
außergewöhnlich. Laut einer Statistik hat etwa die Hälfte aller Parteifunktionäre eine Zweitfrau. Diese Tatsache wird oft
im Zusammenhang mit Korruption thematisiert. Es stellt sich
nämlich die Frage, wie diese Männer diese Frauen mitsamt ihrer
Wohnung finanzieren.

USA:
Meiner Beobachtung nach haben die Amerikaner ein sehr seltsa-
mes, geradezu verzwicktes Verhältnis zur Emanzipation. Frauen
gelingt es hier deutlich häufiger, in hohe Management-Positio-
nen zu gelangen. Gleichzeitig ist es Frauen wahnsinnig wichtig,

von Männern hofiert zu werden. Beim ersten Date zum Beispiel ist es ungeschriebenes Gesetz, dass der Mann zahlt, und wenn er das nicht tut, ist es für viele Frauen ein Grund, sich mit diesem Typen nicht mehr zu treffen.

Mein Mann arbeitet bei der Navy. Dort gibt es die *Military Wifes*, die in der Regel Hausfrauen sind, sich um die Kinder kümmern und mit dem Mann umziehen – alle zwei Jahre.

Eine Frau wird in den USA auch gerne mal als *Armcandy* bezeichnet. Dabei handelt es sich um eine hübsche Frau, die ein Mann am Arm herumführt. Außerdem gibt es die *Trophy Wifes*, das sind in der Regel junge Frauen, die sich mit einem älteren, gut verdienenden Mann einlassen. Sie sind also eine Art Trophäe oder Pokal. Insofern ist mein Eindruck, was die Emanzipation US-amerikanischer Frauen anbelangt, sehr zwiespältig.

Mexiko:
Die Frauenrolle ist schon sehr speziell hier in Mexiko. Frauen treten keineswegs zurückhaltend auf, sind keineswegs das schwache Geschlecht, wie man das vielleicht klischeemäßig denken würde in einem katholischen lateinamerikanischen Land. Die Frauen hier sind ziemlich tough, teilweise tougher als die Männer. Das sagen im Übrigen auch viele Frauen. Auch stellen sie die zentrale Schutzfigur der Familie dar. Bei einem Angriff von außen sind sie es, die das Schwert schwingen und die Familienehre verteidigen, nicht der Mann.

Auf der anderen Seite ist es so, dass dem mexikanischen Mann mehr sexuelle Freiheiten gestattet werden. Der Mann geht zum Beispiel ganz selbstverständlich zum Tabledance, das ist hier völlig normal. Ich weiß nicht, welche deutsche Frau das akzeptieren würde, ohne sich sofort scheiden zu lassen. In gewisser Weise wird das Prinzip Macho-Mann, der nebenbei diverse, von der Frau tolerierte Liebschaften pflegt, also durchaus gelebt.

Israel:

Hier in Israel ist die Emanzipation leicht erkennbar: Überall auf der Straße sieht man junge Soldatinnen in Uniform.

In Israels ultraorthodoxer Gesellschaft sieht die Sache allerdings etwas anders aus. Dort gehen die Männer nicht arbeiten, sondern in die *Jeshiwa*, die Religionsschule und die Frauen ernähren die Familie. Die Frauen schmeißen nebenbei auch noch den Haushalt und versorgen die gemeinsamen neun, zehn oder elf Kinder. Dort nimmt die Emanzipation also völlig andere Formen an, als wir das gewohnt sind.

Italien:

Als ich mit meiner Frau zusammen eine neue Wohnung gesucht habe, führte die Besitzerin einer Wohnung meine Frau ganz selbstverständlich zuerst in die Küche und dann ins Bügelzimmer, wo alles äußerst praktisch hergerichtet war. Die Rollenbilder stimmen noch in Italien. Die Frau ist also zuständig für Heim und Herd.

Im italienischen Fernsehen gibt es außerdem die *Tettona* – die Busenwunder –, die in bräsigen Fußballrunden und Ähnlichem sitzen und keine andere Funktion haben, als diese Runden aufzuhübschen. Da herrscht ein eher fürchterliches Frauenbild.

Ruth Kirchner, Peking
Nicole Markwald, Los Angeles
Martin Polansky, Mexiko-Stadt
Christian Wagner, Tel Aviv
Jan-Christoph Kitzler, Rom

ETIKETTE

Washington +++ Peking +++ Warschau +++
Mexiko-Stadt +++ Nairobi

USA:

In den USA ist man im Umgang miteinander sehr viel höflicher
als in Deutschland. Was wir in der Heimat als normal empfinden, stufen die Amerikaner oft schon als ruppig ein.

Wenn man Fremde grüßt, dann sagt man meist: »How do
you do?« Der andere antwortet: »How do you do?« Uns mag
es seltsam erscheinen, eine Frage einfach mit exakt der gleichen
Frage zu beantworten, in den USA aber ist vollkommen klar, was
das bedeutet: »Ich bin cool, ich hoffe, du bist auch easy. Wir
verstehen uns. Also alles klar.«

Ich erntete einmal einen sehr erstaunten Blick einer amerikanischen Botschafterin, als ich ihr einen Handkuss gab. Sie war
ziemlich verwirrt ob dieser expressiven Form der europäischen
Höflichkeit. Gleichzeitig fühlte sie sich aber auch geschmei-
chelt und fand das irgendwie schön.

China:

Für uns Ausländer ist Etikette ein äußerst kompliziertes Thema
in China. Es gibt hier so unwahrscheinlich viele Regeln, die für
uns schwer zu durchschauen sind.

Sie besuchen jemanden zu Hause. Als Erstes muss man sich
die Schuhe ausziehen. Eine chinesische Wohnung betritt man
nicht mit Straßenschuhen. Beim Essen legt einem der Gastgeber dann für gewöhnlich Dinge auf den Teller – ob man die mag
oder nicht. Wenn einem beispielsweise Entenfüße serviert werden, wird erwartet, dass man zumindest höflich daran knabbert.

Besonders aber muss man darauf achten, was man mit den Essstäbchen anstellt. Die Regeln lauten: Nicht wild rumfuchteln, nicht mit den Essstäbchen auf jemanden zeigen oder anderweitig gestikulieren und sie nicht in die Reisschüssel stecken, sodass die herausragen wie Räucherstäbchen, denn sonst fühlen sich die Leute in China sofort an den Tod und an Friedhöfe erinnert.

Polen:

Meiner Meinung nach gehen die Polen sehr höflich miteinander um und wahren stets die Etikette.

Einmal hatte ich in Warschau mit einem Hausmeister zu tun. Als er sich mir vorgestellt hatte, griff er plötzlich – schwupp – meine Hand und gab mir einen Handkuss, dass sein Schnauzer auf meiner Haut kitzelte. Das war jedoch keineswegs aufdringlich gemeint, sondern ausgesprochen höflich und respektvoll. Es wäre sehr zickig gewesen, hätte ich meine Hand zurückgezogen.

Wenn man Pärchen in Warschau beobachtet, stellt man immer wieder fest, dass die Männer den Frauen nicht nur in die Mäntel helfen und die Tür aufhalten, sondern sogar ihre Handtaschen tragen. Man geht hier deutlich anders mit dem weiblichen Geschlecht um. Diese Kumpelhaftigkeit und Kumpanei zwischen Männern und Frauen, wie sie in Deutschland durchaus üblich ist, existiert in Polen nicht. Umgekehrt finden die Polen, dass die deutschen Frauen nicht weiblich genug sind, und verstehen nicht, warum sie oft wie Männer aussehen.

Mexiko:

In Mexiko-Stadt herrscht neben der Etikette, die durchaus gepflegt wird, ein relativ rauer Umgangston. Es geht hier ziemlich grob zu. Jeder kämpft zum Beispiel um seinen Stehplatz im Bus und geht dabei auch schon mal rabiat vor. Und auf der Straße wird man schon mal umgerannt.

Zwischen Männern und Frauen wird die Etikette schon eher gewahrt: All das, was eine Dame allgemein für sich beansprucht, das beansprucht die mexikanische Dame für sich auch. So wird der Dame selbstverständlich die Tür aufgehalten. Auf der anderen Seite kann es in diesem lateinamerikanischen Land auch recht machomäßig zugehen.

Generell ist Mexiko außerdem viel hierarchischer geprägt als Deutschland. Untergebene müssen sich von ihren Chefs stets alles autorisieren lassen, bevor sie irgendetwas tun dürfen. Flache Hierarchien gibt es hierzulande nicht.

Kenia:
In Kenia sagt man nicht einfach: »Hallo, guten Tag.« Hier sagt man: »Hallo, wie geht es?« Dann wird über das Wetter gequatscht, selbst wenn das Treffen einen sehr konkreten Zweck hatte. Dazu kommt man erst später.

Es scheint hier ansonsten nicht so zu sein, dass bestimmte Sachen im Umgang miteinander erwartet werden. Der Mann muss der Frau beispielsweise nicht die Tür aufmachen oder aus der Jacke helfen.

Was zunächst befremdlich wirken kann, ist, dass in Kenia immer noch häufig mit den Händen gegessen wird – durchaus auch bei offiziellen Anlässen. Dazu gehört es dann aber auch, dass vor dem Essen jemand mit einer Kanne Wasser und einer Schüssel herumgeht und jedem nacheinander ermöglicht, sich am Tisch die Hände zu waschen.

Marcus Pindur, Washington
Ruth Kirchner, Peking
Sabine Adler, Warschau
Martin Polansky, Mexiko-Stadt
Antje Diekhans, Nairobi

FRIEDHÖFE

Tel Aviv +++ Tokio +++ Neu-Delhi +++ Kairo +++ Zürich

Israel:

In diesem kleinen Land herrscht große Platznot auf den Friedhöfen, deswegen werden in Tel Aviv inzwischen Friedhöfe mit
turmartigen Grabkammern gebaut. Man muss wissen, dass die
Friedhofskultur in Israel eine völlig andere ist als in Deutschland.
Jedes Grab hier ist eine heilige Stätte, die den Orthodoxen Juden als unantastbar gilt. Außerdem ist die Verbrennung von Lei-
chen verboten, und es darf kein Grab zerstört oder für ausgelau-
fen erklärt werden, wie das auf deutschen Friedhöfen gang und
gäbe ist. Auch hierdurch kommt es auf den israelischen Friedhöfen zu einer regelrechten Überbevölkerung.

Auffallend ist, wie wenig Grün es auf den Friedhöfen hier
gibt. Ein Friedhof in Israel ist weder ein Ort der Entspannung
noch der Romantik.

Ich war bei einer Beerdigung im Norden von Israel, wo der
Leichnam in ein Tuch eingehüllt war. Zu einem bestimmten
Zeitpunkt wird dieser eingehüllte Leichnam über eine Rutsche
in das Grab hineingelassen, was für die Töchter des Mannes au-
genscheinlich sehr schockierend wirkte. Wenn man nämlich die
Umrisse der Leiche sieht, wird der Tod um einiges präsenter.

Japan:

Für mich haben die Friedhöfe in Japan etwas Merkwürdiges. Sie
dürfen nicht zu hoch liegen und müssen nach Feng Shui ausge-
richtet sein. Die Grabsteine stehen dicht an dicht, und nur äußerst selten sieht man dort mal eine Blume oder etwas Grün.

Zudem liegen die Friedhöfe in Japan oft direkt neben der Autobahn, was sicher auch mit den Grundstückspreisen zusammenhängt. Baugrund ist in Tokio extrem teuer, deshalb wird er selten für die wenig lukrativen Friedhöfe verwendet. Wenn ich an einem vorbeifahre, denke ich immer: »Das ist aber laut für die Toten.« Als Angehöriger würde ich dort nicht besonders gerne hingehen.

Indien:

Der Friedhof in Neu-Delhi ist ein grüner Ort. Allerdings trifft man dort kaum Menschen an, weil die Hindus nicht am Tod interessiert sind – und die Hindus stellen nun einmal die Mehrheit der Menschen in Indien dar. Hindus werden nach dem Tod verbrannt, möglichst an einem der heiligen Flüsse und am liebsten natürlich am Ganges in Varanasi.

Doch es gibt in Indien auch 135 000 000 Muslime, des Weiteren Christen und Juden, die alle irgendwann beerdigt werden müssen. Für diese Toten gibt es Friedhöfe.

In Neu-Delhi besuche ich auch des Öfteren den parsischen Friedhof. Der ist deshalb eine Besonderheit, weil die Parsen ihre Toten sozusagen ökologisch korrekt bestatten. Früher haben sie ihre Leichname auf hohe Türme gelegt und gewartet, bis sie von den Geiern abgenagt wurden. Heutzutage gibt es kaum noch Geier, also lassen sie die Leichname einfach von der Sonne austrocknen.

Ägypten:

Wenn von Friedhöfen in Kairo die Rede ist, fällt einem zu allererst die Totenstadt ein. Das sind zwei Stadtviertel, in denen alte Grabstätten und Grüften aus dem 14. und 15. Jahrhundert zu finden sind. Das Interessante an diesen beiden Stadtvierteln ist, dass dort inzwischen 300 000 Menschen leben. Sie schlafen, kochen, essen und trinken in den Grabstätten und Grüften, direkt neben den Sarkophagen. Das ist schon etwas skurril, wenn man zum Tee eingeladen wird und dann auf der Stufe eines Sarkophags sitzt. Ich selbst muss dann immer daran denken, dass um mich herum vor 500 oder 600 Jahren Menschen beerdigt worden sind. Aber für die dort Lebenden scheint das überhaupt kein Problem darzustellen, sie sind einfach froh, dass sie ein Dach über dem Kopf haben.

Ansonsten entsprechen die muslimischen Friedhöfe nicht unbedingt meinen Erwartungen, weil sie doch sehr schlicht sind. Wobei auch dort die Gräber so sorgfältig gepflegt werden wie bei uns in Deutschland und auf diese Weise der Toten gedacht wird.

Schweiz

Den Friedhof in meinem Wohnort musste ich unbedingt besuchen, denn das ist der Friedhof in Kirchberg, auf dem Thomas Mann begraben liegt.

Bei einer Reise durch die Schweiz fällt auf, dass sich die Friedhöfe oft im Zentrum der Ortschaften befinden und meist um die Dorfkirche herum angelegt worden sind. Sie sind außerdem alle sehr gepflegt. Wenn man über einen dieser Friedhöfe schreitet, kann man einiges erfahren über die Menschen, die dort liegen. Mir gibt das Denkanstöße, die weit über das Alltagsjammern oder die Alltagsfreuden hinausgehen.

Sebastian Engelbrecht, Tel Aviv
Peter Kujath, Tokio
Sabina Matthay, Neu-Delhi
Hans-Michael Ehl, Kairo
Hans-Jürgen Maurus, Zürich

FRISÖR

London +++ Moskau +++ Los Angeles +++ Shanghai +++
Warschau

Großbritannien:
Es gibt unglaublich viele Frisöre in London. In meinem Wohn-
viertel findet man auf einem Kilometer mindestens neun Geschäfte.

Hier sind auch die Barbers, die reinen Herrenfrisöre, noch
nicht ausgestorben. Dort sitzt man freitags in einer langen War-
tereihe. Wenn man dann schließlich dran ist, hat man die Auswahl zwischen genau zwei Haarschnitten: dem Topfschnitt und
dem Stoppelschnitt, das heißt, alles gleich kurz auf 0,5 Zentimeter. Waschen und Föhnen gehören beim Barber nicht dazu.
Das Ganze kostet dafür noch nicht einmal zehn Euro. Oben ein
bisschen länger lassen und unten alles abrasieren – mehr kann
man vom Barber im Grunde nicht erwarten.

Ich war nur ein einziges Mal beim Barber. Das Ergebnis war
fürchterlich, ich sah einfach schrecklich aus. Die britische Ein-
heitsfrisur steht mir überhaupt nicht.

Die Frauen tragen ihre Haare gerne lang, selbst wenn sie älter sind. Der Kurzhaarschnitt ist an den britischen Frauen selten
zu sehen. Daran erkennt man eher die deutschen Touristinnen.

Russland:
Ich war in Moskau noch nie beim Frisör. Es gibt hier ohnehin
verhältnismäßig wenig Frisöre, dafür aber umso mehr Schönheitssalons. Als ich mich dort einmal hineinwagte, schaute mich
der Inhaber ganz verzückt an und meinte: »Bei Ihnen können
wir eine Menge machen, bis hin zu künstlich eingepflanzten

Wimpern.« In diesen Schönheitssalons werden einem schnell Dinge angedreht, die man eigentlich gar nicht haben möchte.

Frisör heißt auf Russisch *Parikmacher*, das kommt natürlich von »Perückenmacher« und stammt vermutlich aus der Zeit Peter des Großen, als vieles aus dem Westen übernommen wurde.

Ich habe mir sagen lassen, dass man sich in Russland lange beim Frisör aufhält und dort auch Geheimnisse austauscht. Eine Kollegin von mir wurde neulich von ihrem Frisör gefragt, wo sie denn auf ihrer Dienstreise gewesen sei – dabei hatte sie ihm überhaupt nicht erzählt, dass sie verreist war.

USA:

Frisöre sind in L. A. sehr teuer, ganz besonders natürlich die angesagten Salons. In keiner Stadt sind die Leute meines Wissens so sehr mit ihrem Äußeren beschäftigt wie in Los Angeles. Frauen mit gerade mal zwei Millimeter Farbansatz rennen gleich wieder zum Frisör, um nachfärben zu lassen.

Auch in den USA zahlen Männer sehr viel weniger für den Frisör als Frauen. Wenn ich hier zu einem normalen Frisör gehe, dann sind 150 Euro noch ein guter Preis.

China:

Wenn man in Shanghai durch die Gassen läuft, sieht man Leute vor ihren Läden, die dem Nachbarn die Haare schneiden.

Aber Vorsicht: Nicht überall, wo Frisör draufsteht, ist wirklich Frisör drin. Es gibt in Shanghai sehr viele Frisörläden, bei denen es sich im Grunde genommen um Minibordelle handelt. Das erkennt man an den leicht bekleideten Damen, die am Empfang stehen. Dort geht es ganz bestimmt nicht ums Haareschneiden, sondern um Dienstleistungen anderer Art.

Die Preise haben in Shanghai ziemlich angezogen. Zwar kann man hier noch einen Haarschnitt für fünfzig bis sechzig Yuan (das sind etwa sieben bis acht Euro) bekommen, doch nach oben gibt es keine Grenzen.

Zu meinem Leidwesen werden die Haare in China immer sehr fransig geschnitten, sodass überall die Haarfäden herausstehen. Das mag bei asiatischen Haaren gut aussehen – bei mir sieht das überhaupt nicht gut aus.

Polen:

Der neue Trend in Warschau ist, aus dem Frisörladen einen regelrechten Spa-Bereich mit Schönheitssalon zu machen. Frisördienste an sich sind etwa um die Hälfte günstiger als bei uns in Deutschland.

Mein persönlicher Frisörladen ist ein schicker, ganz neu entstandener Laden, der sich im Nachhinein jedoch als etwas seltsam entpuppt hat – dort werden nämlich keine Handtücher verwendet. Stattdessen trocknen die Frisöre die Haare mit haufenweise Papier von Papierrollen.

Ich finde, in Polen sind die Frauen insgesamt besser frisiert als bei uns. Sie achten sowieso viel mehr auf ihr Äußeres und sehen stets gepflegt, natürlich und sehr weiblich aus. Was die Männer anbelangt, die tragen im Allgemeinen das Haar sehr kurz, gerne auch diese proletenhaft anmutenden, nicht immer vorteilhaften Stoppelfrisuren. In den größeren Städten gibt es jedoch einen ganz anderen Trend in puncto Männerfrisuren: lange Haare und Zöpfe. Und was man auf dem Land recht häufig antrifft, sind diese Lech-Wałęsa-Schnauzbärte.

Jochen Spengler, London
Gesine Dornblüth, Moskau
Nicole Markwald, Los Angeles
Markus Rimmele, Shanghai
Sabine Adler, Warschau

KLEIDERORDNUNG

Warschau +++ Neu-Delhi +++ Tokio +++ Rabat +++
Nairobi

Polen:
Auf Kleidung wird in Polen sehr viel Wert gelegt. Das sieht man
vor allem abends, wenn die Einheimischen ausgehen. Oberstes
Bestreben der Polinnen ist es dann, elegant auszusehen, dann
brezeln sie sich richtig auf – aber sehr geschmackvoll, muss ich
sagen. Hohe Schuhe gehören immer dazu, ohne hohe Schuhe
gilt man als nicht elegant. Insgesamt kleiden sich die Polinnen
fraulicher als die deutschen Frauen, das heißt, es werden viel
mehr Röcke und Kleider getragen. Vor allem natürlich abends.

Die polnischen Männer sehen in meinen Augen ebenfalls ge-
pflegter aus, zumindest die in den mittleren Jahren. Bei jungen
Männern zwischen zwanzig und dreißig ist der Militärlook verbreitet. Auch gern getragen wird das ärmellose Unterhemd – in
bestimmten Kreisen ein absolutes Muss. Allerdings dürfte man
damit nicht auf der Arbeit erscheinen. Dort gilt für Männer:
Hemd und Krawatte. Und auch sonntags in der Kirche sind alle
sehr gepflegt gekleidet.

Indien:
In einer Megametropole wie Neu-Delhi hat sich westliche Kleidung in den allermeisten Gesellschaftsschichten durchgesetzt.
Die Zeiten sind vorbei, in denen man hier im Alltag die indischen Frauen im Sari und die Männer im Nehru-Gewand sehen
konnte. Anders verhält es sich dagegen auf dem Land. Als ich
kürzlich im Süden Indiens unterwegs war, fiel mir auf, wie stark
der Sari dort bei Frauen noch verbreitet ist. Bei den Männern

spielen Kleidungsstücke wie Lunghi und Dhoti eine Rolle. Das sind Wickelgewänder, eher wie Röcke, die mal kurz, mal lang getragen werden.

Zu festlichen Anlässen kann man den Sari auch heute noch in Neu-Delhi sehen, dann wird er sehr bewusst getragen – vielleicht so, wie wenn man beim Oktoberfest in München die Lederhose auspackt.

Die regionalen Unterschiede der Saris sind allerdings gewaltig. Knallbunt sind sie alle, aber die Muster unterscheiden sich. Ich habe die Farben im Süden noch leuchtender erlebt als die im Norden Indiens. Je nachdem, mit welchem Schmuck sie kombiniert werden, kann das wirklich großartig aussehen.

Ich werde hier des Öfteren gefragt, wann ich denn wohl zum ersten Mal einen Sari trage. Möglicherweise mache ich es irgendwann einmal aus Spaß, damit mich meine indischen Kollegen wenigstens einmal im Leben darin gesehen haben.

Japan:
In Tokio sind die Menschen sehr bunt angezogen und tragen die unterschiedlichsten, teilweise wirklich mutigen Modestile. Man sieht den Goth-Punk oder die Lolita und direkt daneben die Frau im piekfeinen Damenkleid. Die Herren mögen es mittlerweile auch ein wenig bunter, was die Hosen und die Hemden angeht. Aber ins Büro geht man im dunklen Anzug, das ist Pflicht, und auch die Frauen tragen im Büro ein dunkles Kostüm. Besonders wenn man bei einer Firma anfängt, ist das Einhalten dieser Kleiderordnung immens wichtig.

Die Kimonos – die traditionelle japanische Kleidung – sieht man am ehesten noch in Tokio. Sie anzulegen ist extrem aufwendig, weil sie schließlich aus einer Menge Stoff bestehen. Trägt man dazu Sandalen, ist man nicht besonders schnell unterwegs, weil man nur sehr kleine Schritte machen kann.

Marokko:

Zumindest in der Geschäftswelt steht der Marokkaner auf Anzug und Krawatte beziehungsweise auf das Business-Kostüm. Wer hat, der zeigt auch, dass er hat.

Auf dem Land gibt es auch eine Art Uniform: die berühmten *Djellabas*, die für unsereins aussehen wie Bademäntel mit Kapuze. Dazu trägt man Lederschlappen – ein krasser Kontrast zur großstädtischen Businesswelt. Daran wird sichtbar, dass Marokko ein Land mit mehreren Geschwindigkeiten, mit mehreren Welten ist.

Diese *Djellabas* tragen Männer und Frauen, durchaus auch im Winter, und darunter dann die ganz »normale« Kleidung. Von diesem traditionellen Gewand lässt sich keineswegs auf eine bestimmte soziale Stellung schließen. Es gibt auch sehr, sehr teure *Djellabas*. Sie sind allgemein akzeptiert – vielleicht ein bisschen aus der Zeit gefallen, aber sie gehören zum Straßenbild.

Kenia:

Besucht man in Kenia ein Amt, ist es unheimlich wichtig, dass man schick angezogen ist. Der Mann sollte einen Anzug tragen, die Frau möglichst einen Rock und eine Bluse. Man sieht hier häufig Männer, deren Anzüge viel zu groß sind, aber die Hauptsache ist, sie tragen einen.

Ein ganz typisches kenianisches Kleidungsstück ist der *Kikoy*, ein gewebtes Baumwolltuch. Diese Tücher gibt es in den schönsten, lebendigsten Farben: türkis, gelb, rosa und so weiter. Ich habe mir inzwischen auch schon sehr viele davon gekauft. Sie haben an der Seite Streifen und Fransen und werden luftig um die Hüften gebunden.

Sabine Adler, Warschau
Sandra Petersmann, Neu-Delhi
Peter Kujath, Tokio
Alexander Göbel, Rabat
Antje Diekhans, Nairobi

MONARCHIE

London +++ Stockholm +++ Rabat +++ Madrid +++ Tokio

Großbritannien:

Deutschland hat mich zu einem Demokraten gemacht, Großbritannien zu einem überzeugten republikanischen Monarchisten. Die Königin steht hier wirklich für Stabilität und für die Identität der Nation, das bewundere ich. Man muss sich das vor Augen halten: Die Premierminister kommen und gehen – das waren immerhin zwölf während der 61-jährigen Regentschaft der Queen –, sie aber bleibt.

Elisabeth II ist unumstritten, und auch die Windsors allgemein haben in Großbritannien einen guten Stand, gerade im Hinblick auf die neue Generation. William, Harry, Kate und das *Royal Baby* – sie sind so anerkannt wie nie.

Bei speziellen Anlässen – bestimmte Pferderennen zum Beispiel – gehört es zur Aufgabe der Königin beziehungsweise der ganzen königlichen Familie, sich dem Volk zu zeigen. Diese repräsentativen Aufgaben übernehmen inzwischen stets die jüngeren Royals.

Es ist für die Briten etwas ganz Besonderes, ein Höhepunkt in ihrem Leben, wenn sie irgendwann einmal in die Nähe der Queen gelangen. Sie werden das niemals vergessen, nicht den Tag und nicht den Ort. Das ist durchaus ansteckend.

Schweden:

Regelmäßigen Umfragen zufolge sind es stets nur um die 19 Prozent der Schweden, die ihr Land lieber heute als morgen zur Republik erklären wollen.

König Carl Gustav jedoch ist nicht sonderlich beliebt. Man

sagt ihm nach, dass er gerne ausgiebig feiert, und auch Geschichten mit Prostituierten soll es gegeben haben. Zu diesen Vermutungen hat er sich nie klar geäußert, sondern ist ihnen immer nur ausgewichen.

Die Frauen stellen sich deutlich besser an. Königin Sylvia macht ihre Sache sehr gut, genau wie Thronfolgerin Victoria. Die beiden rücken Carl Gustavs Eskapaden meist wieder gerade.

Theoretisch wäre es übrigens kinderleicht, die Monarchie in Schweden komplett abzuschaffen, viel leichter als in anderen Monarchien. Dazu bräuchte man nur zweimal hintereinander einen Mehrheitsbeschluss im Parlament. Das will aber dann doch keiner.

Marokko:

Die Monarchie ist hierzulande eine ziemlich ernste Angelegenheit, darüber macht man in Marokko besser keine Scherze. Die Monarchie dominiert direkt und indirekt das gesamte Leben, sie hält das ganze Land mit den ethnischen Gruppen der Berber und Araber zusammen. Ohne die Monarchie würde das heute vermutlich nicht mehr funktionieren.

Der König ist ein wahrer Held, das ist unumstritten. Der König ist der oberste Kommandeur der Streitkräfte sowie als oberster Geschäftsmann einer der reichsten Männer der Welt, und er ist ebenso der oberste Politiker und trifft in diesem Rahmen die wichtigsten Entscheidungen. Er hat selbst den arabischen Frühling überstanden und seine Macht dadurch sogar noch stärken können.

Ich habe den König einmal beim jährlichen Thronfest erlebt. Dort hält er richtiggehend Hof und empfängt sein Volk, angefangen von seinen Palastmitarbeitern bis hin zu den Botschaftern. Es ist wie bei *Tausend und einer Nacht*, es gibt den Handkuss, und es mutet alles wie aus ferner Zeit an. Bei diesem Anlass zelebriert sich die marokkanische Monarchie selbst.

Spanien:

Spaniens König Juan Carlos ist nicht mehr so beliebt wie einst. In Spanien sind längst nicht mehr alle damit einverstanden, dass es überhaupt ein Königshaus gibt. Die haben sich mittlerweile eine Menge Sympathien verscherzt. Durch Geschichten wie diese: Als hier die große Wirtschaftskrise ausbrach, beliebte der König, an einer sehr kostspieligen Elefantensafari teilzunehmen. Das kam nur deshalb ans Licht, weil er sich dabei die Hüfte brach.

Dass die Spanier alle einmal im Leben ihren König gesehen haben wollen, ist definitiv nicht mehr der Fall. Die echten Katalanen sagen sogar: »Wenn ich den König mal sehe, werde ich ihm in den Hintern treten.« Sie wollen ohnehin die Unabhängigkeit vom spanischen Staat und freuen sich über jeden neuen Korruptionsskandal. Dann heißt es: »Seht ihr, wir haben es gleich gewusst. Die ganze Bagage muss weg! Außerdem kosten die viel zu viel Geld.«

Auch außerhalb von Katalonien stellen sich mehr und mehr Spanier die Frage, wie es mit der Monarchie weitergehen soll, und ob sie sich ein Königshaus überhaupt leisten können und wollen.

Japan:

Kaiser Akihito hat am 23. Dezember Geburtstag, das ist in Japan ein Feiertag. Viele Japaner gehen dann zum Kaiserpalast, um dem Kaiserpaar zuzujubeln, und dürfen zu diesem Anlass auch näher als sonst herantreten.

Nur sehr wenige Japaner wollen den Kaiser absetzen. Im heutigen Japan ist er fester Bestandteil der Gesellschaft, auch wenn ihn die jungen Leute nicht sonderlich beachten.

Gerade in Krisenzeiten hat das Kaiserpaar, das mittlerweile über achtzig Jahre alt ist, nach wie vor eine große Bedeutung. Während der Tragödie um Fukushima war es enorm wichtig, dass Akihito in die betroffenen Gebiete gefahren ist und den

Menschen Mut zugesprochen hat. Das wird ihm sehr hoch angerechnet in Japan.

Jochen Spengler, London
Tim Krohn, Stockholm
Alexander Göbel, Rabat
Reinhard Spiegelhauer, Madrid
Peter Kujath, Tokio

PATRIOTISMUS

Washington +++ Nairobi +++ Warschau +++ Peking +++
Mexiko-Stadt

USA:

Die Amerikaner sind weitaus patriotischer als wir Deutschen.
Möchte beispielsweise ein Abgeordneter jemanden aus seinem
Wahlkreis besonders ehren oder ihm ein besonderes Geschenk
zuteilwerden lassen, dann schenkt er ihm eine Flagge, die einen Tag über dem Kapitol geweht hat. Dort wird jeden Tag eine
neue Flagge aufgezogen und die vorherige an verdiente Bürger
verschenkt.

Was man zu Beginn eines jeden Footballspiels erlebt: Die
Amerikaner stehen auf, legen die Hand aufs Herz und singen gemeinsam ihre Nationalhymne. Danach werden die Würstchen
ausgepackt, und alles ist wieder normal.

Kenia:

Nach außen hin sind die Kenianer sehr patriotisch. Wenn man
wie ich als Weiße leicht als Ausländerin zu erkennen ist, wird
man oft gefragt, wie einem Kenia gefällt. Dann folgt ein er-
wartungsvoller Blick mit großen Augen, und natürlich antwortet man: »Es ist ganz wunder-, wunderschön.« Daraufhin erntet
man ein zufriedenes Nicken.

Kenianer sind aber in allererster Linie Luos oder Kikuyus und
erst in zweiter Linie Kenianer. Wobei die Regierung inzwischen
zahlreiche Aktionen startet, um das zu ändern. Beispielsweise
hat man Aufkleber verteilt, auf denen zu lesen war: »Wir sind
Kenianer.«

Eine Sache ist für mich recht befremdlich hier: Im Kino stehen alle auf, bevor der Film beginnt, und dann wird die Nationalhymne gespielt.

Polen:
Der polnische Patriotismus begegnet einem permanent in Warschau. Man stolpert sozusagen stündlich drüber. Wenn ich morgens mit dem Rad zum Büro fahre, sehe ich oft riesige rot-weiße Nationalfahnen aus den Fenstern hängen.

Doch es gibt verschiedene Formen von Patriotismus hier. Es gibt den Patriotismus, der in einem ein beklemmendes Gefühl auslöst, weil er einhergeht mit Nationalismus. Da wird dann rasch von echten und wahren Polen geredet. Diese Leute sind alles andere als liberal und tolerieren beispielsweise unter keinen Umständen Homosexualität.

Aber es gibt auch eine schöne Art des Patriotismus: wenn Polen stolz auf die eigene Geschichte sind und sich an Ereignisse wie Solidarność erinnern.

China:
Patriotismus begegnet einem in Peking überall, hier wird gerne überall die große rote Fahne mit gelben Sternen, die chinesische Nationalflagge, aufgehängt.

Insbesondere die Han-Chinesen sind so stolz auf ihre 5000 Jahre alte Kultur, dass sie sich uns Westlern überlegen fühlen. Nach dem Motto: Wir haben bereits 5000 Jahre Kultur hinter uns. Das wird einem hier oft vorgehalten. Wo man manchmal sagen will: Ja schön, aber wenn ihr 5000 Jahre Geschichte habt, dann macht doch auch was damit.

Ich persönlich würde denen auch gerne sagen: Macht mal halblang. Lasst die Fahnen und lasst diese Aufmarschiererei auf dem Tian'anmen – dem Platz des Himmlischen Friedens. Dieses große Land hat es doch gar nicht nötig, ständig so aufzutrumpfen.«

Mexiko:

Für mich sind die Mexikaner ein unglaublich patriotisches Volk. Das merkt man schon daran, wie stolz sie darauf sind, die größten Flaggen der Welt ihr Eigen nennen zu können. An einer der Autobahnen im Land steht beispielsweise ein gigantischer Fahnenmast. Die Flagge, die dort hängt, ist größer als alles, was die USA zu bieten haben, und das will etwas heißen. Die Mexikaner würden sich am liebsten in ihre Flagge einwickeln, denke ich manchmal.

Es gibt hier viele verschiedene Ethnien, und die Mexikaner achten sehr genau darauf, welcher man angehört. Prinzipiell gilt: Je heller die Haut, desto besser. Das macht sich auch im Alltag bemerkbar. So werden im Supermarkt die Taschen an den Ausgängen nicht bei allen Leuten kontrolliert. Ich werde als jemand, der eindeutig europäisch aussieht, nie kontrolliert, anders als jene, die sehr mexikanisch aussehen.

Marcus Pindur, Washington
Antje Diekhans, Nairobi
Sabine Adler, Warschau
Ruth Kirchner, Peking
Martin Polansky, Mexiko-Stadt

POLIZEI

Rabat +++ Washington +++ Shanghai +++ Warschau +++
Rom

Marokko:
Die Polizei hat in Marokko wahrlich keinen guten Ruf. Gerade
die »kleinen Leute« haben nicht den Eindruck, dass die Polizei
ihr Freund und Helfer ist.

Was ich hier leider regelmäßig sehe, sind Polizisten, die auf
friedliche Demonstranten vor dem Parlament in Rabat einprü-
geln. Da wird oft kurzer Prozess gemacht.

Als ich einmal ein paar Stundenkilometer zu schnell auf
der Autobahn gefahren bin, wurde ich angehalten und musste
ein Strafgeld von dreißig Euro bezahlen. Während ich abkas-
siert wurde, rauschte ein Porsche Cayenne mit 250 Stundenkilometern vorbei. Bestimmte Leute werden in Marokko einfach
in Ruhe gelassen, weil sie wichtig sind. Da fragt man sich schon,
wie gerecht ein solches System ist!

USA:
In der Regel ist die Polizei hier sehr freundlich, besonders die
Nachbarschaftspolizisten. In den Achtzigerjahren sah das zum
Teil jedoch noch anders aus. Ein Studienfreund von mir ist damals in New Orleans auf dem Highway mit überhöhter Geschwindigkeit auf dem Motorrad erwischt worden. Er hat seinen Helm dann gleich aufgelassen, weil er wusste, was kommen
würde. Die Polizisten haben ihn direkt vor Ort zusammenge-
schlagen. Das wäre heute nicht mehr möglich, zumindest nicht
ohne Konsequenzen für die Polizisten. Da würde das Departe-
ment auf mehrere Millionen Dollar verklagt werden.

Wenn man in den USA von der Polizei aufgefordert wird, stehen zu bleiben, sollte man das besser tun. Dann sollte man sich nicht regen und sehr vorsichtig sein. Auch hektische Bewegungen sollte man besser vermeiden, da die zahllosen Waffen, die hier im Umlauf sind, die Polizisten nervös machen. Mir nichts, dir nichts vor einer gezogenen Waffe zu stehen, ist keine Seltenheit. Prinzipiell aber muss man sich trotzdem nicht ängstigen, wenn man der Polizei begegnet.

China:
Man könnte denken, China sei ein Polizeistaat, in dem man ständig von der Polizei gegängelt wird. Das ist nicht der Fall. Die sichtbare Polizei ist hier relativ harmlos. Es gibt in China allerdings auch die unsichtbare Polizei, die Geheimpolizei. Wir Journalisten stehen unter ihrer ständigen Beobachtung. Zwar hat man nie direkt mit ihr zu tun, aber man weiß, dass sie alles mitbekommt. Wenn man ein etwas heikleres Thema recherchiert, stehen plötzlich Leute vor einem, die ganz normal gekleidet sind, denen man jedoch trotzdem irgendwann anmerkt, dass die zu einer Polizeitruppe gehören. Nur zu welcher, das kann man nie genau wissen. Die Konfrontation mit diesen Leuten kann bis hin zu tätlichen Angriffen gehen und sehr unangenehm werden.

Polen:
In Warschau wird kurzer Prozess gemacht mit Leuten, die sich danebenbenehmen. Allerdings nicht auf eine Art und Weise, dass sich der Bürger wie eine Ameise fühlt. Die Polizei kann es sich gar nicht leisten, dass sie mit normalen Bürgern überheblich umspringt. Hier herrscht nämlich ein anderes Verhältnis zu Polizei und Staat als in anderen osteuropäischen Ländern: Die Polen sind nicht staatshörig, sie sind im Zweifelsfall immer in Opposition.

Unschönes kann man allerdings beobachten, wenn man zum Beispiel auf dem Bahnhof wartet oder über öffentliche Plätze geht. Leute, die wie Obdachlose aussehen, werden dort äußerst rüde entfernt, genau wie angetrunkene Personen. Wer betrunken ist und dazu noch lautstark die Straße entlangtorkelt, wird von der Polizei einkassiert.

Italien:

Das Verwirrende an der italienischen Polizei sind ihre verschiedenen Einheiten, die noch dazu unterschiedliche Uniformen tragen. Man muss stets erst einmal schauen, wen man da vor sich hat. Da gibt es die *Carabinieri*, die Finanzpolizei, die Militärpolizei, die Staatspolizei und die Gemeindepolizei, und alle haben sie ähnliche Zuständigkeiten. Theoretisch kann einem jeder von ihnen einen Strafzettel geben.

Wenn man von den *Carabinieri* angehalten wird, kann das sehr unangenehm werden, und man muss mit fiesen Fragen rechnen. Das Bußgeld in Italien ist auch ziemlich saftig. Allein für das Falschparken in Rom zahlt man locker vierzig Euro.

Luft macht sich das Volk mit hübschen *Carabinieri*-Witzen: Warum läuft der Carabiniere in der Dusche auf und ab? Weil auf dem Shampoo »wash and go« steht.

Alexander Göbel, Rabat
Marcus Pindur, Washington
Markus Rimmele, Shanghai
Sabine Adler, Warschau
Jan-Christopf Kitzler, Rom

REICHTUM

Stockholm +++ Moskau +++ Tokio +++ Kairo +++
Neu-Delhi

Schweden:

In Stockholm ist der Reichtum sichtbar, weil Geld gerne gezeigt
wird. Manchmal wird sogar ziemlich geprotzt, finde ich. Wer einmal mit dem Boot durch die Schären (die Inseln vor der Stadt)
fährt, der bekommt den Mund gar nicht mehr zu, so viele Luxus-
villen und Luxusjachten sind dort zu sehen. In Stockholm herrscht
ein irrer Reichtum, das ist im Rest des Landes nicht der Fall.

Das Geld wird den Leuten hier zwar durchaus gegönnt, Son-
derrechte dürfen sich die Reichen deswegen allerdings noch
lange nicht herausnehmen. Wenn ich möchte, kann ich sogar
den Premierminister duzen oder den Firmenchef einfach so an-
quatschen, wenn ich ihn beim Einkaufen treffe. Niemand ist
mit Bodyguards oder in Limousine mit Chauffeur unterwegs. In
Schweden sind alle Leute gleich, und alles ist transparent. In gewisser Hinsicht gibt es hier den vollkommen gläsernen Bürger.
Ich kann jederzeit im Internet nachschauen, was mein Nachbar
verdient, oder der Premierminister, oder Benni Andersson von
ABBA. Und wehe, hier trickst jemand bei den Steuern!

Russland:

Reichtum ist in Moskau nicht zu übersehen, allein schon auf der
Straße nicht. Hier fahren so viele dicke Luxuskarosserien herum
wie meines Wissens nirgends auf der Welt. Neulich hatte ich die
Ehre, mit einem sehr reichen Moskauer in seinem Maybach unterwegs zu sein. Solche Limousinen sind hier keine Ausnahme.

Die Einheimischen tragen ihren Reichtum gern zur Schau.

Ganz klischeemäßig sieht man hier zum Beispiel viele Damen in Pelzmänteln. Und es ist selbstverständlich, dass sich die unterschiedlichen Schichten nicht mischen. Kein Normalbürger könnte je mit dem Lebensstil der Reichen mithalten. Sie geben so unglaublich viel Geld aus, dass mein gesamtes Monatsgehalt draufginge, wenn ich mich einen Abend mit diesen Leuten zum Essen verabreden würde.

In der Straße, in der ich wohne, gibt es einige Boutiquen, vor denen stets mindestens ein dickes Auto steht. Zwei Bodyguards warten dann vor der Tür, während sich ihr Auftraggeber im Laden einkleidet.

Neulich trug ein Kollege einen ganz tollen Nadelstreifenanzug, ein richtiges Luxusmarkenprodukt. Er hat dann irgendwann erzählt, dass ihm die Ehefrau eines Oligarchen diesen Anzug geschenkt hat – dieser trägt seine Anzüge nämlich grundsätzlich nur ein einziges Mal.

Japan:

In Japan leben sehr viele Reiche, doch dieser Reichtum wird nicht zur Schau getragen. Es verträgt sich nicht mit der japanischen Mentalität, dass man mit seinem Reichtum prahlt.

Für mich ist es immer wieder faszinierend, in ein typisch japanisches Haus eingeladen zu werden. Auch bei sehr reichen Familien liegen dort die üblichen Tatami-Matten, und in den Zimmern befinden sich kaum Möbel.

In Japan möchte man durchaus zu Geld kommen, aber dieser Wunsch ist nicht so ausgeprägt wie zum Beispiel in China, Taiwan oder Korea. Dort geht es vor allem darum, mehr zu verdienen als die Eltern.

Ägypten:

Die sozialen Unterschiede in Ägypten sind krass. Wenn ich morgens auf dem Balkon stehe, sehe ich Autowäscher, die seit sechs Uhr unterwegs sind. Ein Großteil davon sind Jungs zwischen 16 und 18 Jahren, die mit einem alten Lappen den Staub von den Autos wischen – von den Autos der meist gleichaltrigen Reichen.

Allerdings erlebe ich es hier nicht sehr oft, dass der Reichtum offen präsentiert wird. Zu diesem Thema lohnt sich ein kurzer Blick in die Geschichte: Ägypten war einst eine sozialistische Republik, daher kommt meiner Meinung nach die Zurückhaltung, den Reichtum nach außen zu kehren. Außerdem hat man Angst vor Sozialneid.

Im Emirat Katar hingegen spielt Geld nicht die geringste Rolle. Ein Katari muss in seinem Leben keinen Finger krümmen. Die Bevölkerung besteht nur zu einem Fünftel aus echten Kataris, den Rest bilden Gastarbeiter aus Indien, Pakistan und Sri Lanka.

Indien:
In der Nähe meiner Wohnung befindet sich eine der teuersten Ladenzeilen Neu-Delhis mit absolut edlen Geschäften. Es gibt genug Menschen hier, die sich das leisten können und mit ihren Ferraris und Porsches vorfahren.

Übrigens hat sich jemand eins der größten Häuser der Welt mitten an die Strandpromenade Mumbais gebaut. Dieses Haus ist derart riesig, dass es den ganzen Slum dahinter in den Schatten taucht. Und es leuchtet wie ein Christbaumständer unter Vollbetrieb, während andere Menschen auf der Straße schlafen und nichts haben.

Tim Krohn, Stockholm
Gesine Dornblüth, Moskau
Peter Kujath, Tokio
Hans-Michael Ehl, Kairo
Sandra Petersmann, Neu-Delhi

SPERRSTUNDE

Rom +++ Nairobi +++ Shanghai +++ Mexiko-Stadt +++ Washington

Italien:
Sperrstunde, was ist das? In Rom kennt man keine Sperrstunde.

Deutlich nach Mitternacht gibt es entlang des Tibers noch ein sehr hohes Verkehrsaufkommen. Wer hier eine Sperrstunde einführen wollte, würde wahrscheinlich innerhalb kürzester Zeit wahnsinnig, weil das in Rom definitiv nicht durchzusetzen wäre.

Die Restaurants haben im Prinzip feste Öffnungszeiten. Allerdings richten diese sich nicht nach einer öffentlichen Ordnung, sondern danach, wann die Gäste gehen und wann die Besitzer Schluss machen wollen. Einige Läden schmeißen ihre Gäste tatsächlich rabiat um Mitternacht raus, weil sie Ruhe haben möchten. Das ist mir auch schon passiert. Es gibt aber auch Läden, in denen man sitzen kann, solange man will. Schließlich hat Rom auch richtige Absackerkneipen zu bieten, in denen man rund um die Uhr trinken kann. Dort lässt es sich gut aushalten.

Kenia:
Die Sperrstunde für Kneipen in Kenia ist 23 Uhr. Prinzipiell. Aber hier läuft das so: Wenn man eine Kneipe aufmacht, bekommt man verschiedene Konzessionen und legt unter anderem gleich fest, wie lange man aufhaben darf. Nur – wie bei allem anderen in Kenia – hält sich im Grunde keiner dran.

Ist der Kneipenbesitzer allerdings irgendjemandem auf die Füße getreten und man will ihm Übles, dann kommt plötzlich doch jemand von offizieller Seite vorbei. Dieser Kontrolleur

spürt ganz sicher irgendeine Gesetzeswidrigkeit im Kneipenbe-
trieb auf, und dann muss der Besitzer dichtmachen.

China:

Theoretisch gibt es in Shanghai eine Sperrstunde, der zufolge
alle Clubs und Bars um zwei Uhr morgens schließen sollen. Rein
praktisch aber – das weiß ich aus eigener Erfahrung – wird diese
Sperrstunde ziemlich locker gehandhabt. So locker, dass es de
facto keine Sperrstunde gibt. Grundsätzlich kann man in Shanghai – ebenso wie in anderen chinesischen Städten – rund um die
Uhr ausgehen. Sicher hängt dabei viel davon ab, ob der Besitzer
einer Kneipe gute Beziehungen zur Polizei hat oder nicht.

Auch der Alkoholausschank wird nicht unterbrochen. Viele
Minisupermärkte haben 24 Stunden lang geöffnet, sodass man
nie Angst haben muss, auf dem Trockenen zu sitzen. Irgendwo
findet man immer einen Laden, der noch aufhat.

Die Karaokebars haben ebenfalls bis weit in die Nacht geöffnet, genau wie die Massageläden, wobei sich hinter Letzteren
häufig Prostitution verbirgt.

Mexiko:

Gut möglich, dass es in Mexiko eine Sperrstunde gibt, ich habe
sie nur noch nie bemerkt. Vom Gefühl her würde ich also sagen,
es gibt keine. Man kann rund um die Uhr ausgehen, das ist überhaupt kein Problem.

Letztendlich werden in Mexiko viele Regeln schlicht nicht
eingehalten, und jeder macht das, was er gerade für richtig hält.
Jedes Lokal handelt seine Öffnungszeiten hier in Mexiko direkt
mit der Behörde aus.

Für Kioske hingegen gibt es definitiv keine Sperrstunde. Im
Erdgeschoss meines Hauses ist ein 7-Eleven mit einem 24-Stun-
den-Betrieb, dort kann man sich rund um die Uhr mit Alkohol
versorgen.

USA:

Die Sperrstunde wird von County zu County unterschiedlich gehandhabt. Es gibt Gegenden in den USA, die schlicht und ergreifend deshalb keine Sperrstunde haben, weil das als Freiheitsbeschränkung der Bürger empfunden würde. In Washington zum Beispiel ist die Sperrstunde zwei Uhr nachts. Ich komme allerdings selten in die Verlegenheit, sie durchbrechen zu wollen.

Als Sperrstunden für mich noch interessant waren, befand ich mich in einem besonders liberalen Umfeld: in New Orleans. Dort gab es überhaupt keine Sperrstunde und es wurde jede Nacht in irgendeiner Bar gefeiert, bis der Hahn krähte.

Jan-Christoph Kitzler, Rom
Antje Diekhans, Nairobi
Markus Rimmele, Shanghai
Martin Polansky, Mexiko-Stadt
Macurs Pindur, Washington

STRASSENSTRICH

Mexiko-Stadt +++ Rabat +++ Peking +++ Istanbul +++ Rom

Mexiko:

Wie überall in Lateinamerika ist auch in Mexiko der Straßenstrich etwas Selbstverständliches. Die Prostitution von Frauen ist hier sehr stark verbreitet. Nehmen wir die sogenannte Zona Rosa, eine Art Barviertel in Mexiko-Stadt. Wenn ich dort abends entlanggehe, werde ich alle drei Meter von Zuhältern oder von Frauen angesprochen. Es heißt dann stets: »Amigo, Tabledance, Amigo, Ladies Bar!«

In Mexiko wird Sexualität als völlig natürlich wahrgenommen und gelebt. Die käufliche Liebe gilt dabei als eine Spielart von vielen. Man denkt sich nicht viel dabei.

Interessant ist auch die auffallend große Zahl transsexueller Prostituierter. Sie ermöglichen ein gewisses Spiel mit den Geschlechtern. Auch der verkappte Homosexuelle kann sich hier eine Prostituierte von der Straße nehmen, seine Lüste ausleben und sagen, dass er doch mit einer Frau geschlafen hat.

Marokko:

Wenn ich in Rabat spät aus dem Studio nach Hause komme, sehe ich überall Prostituierte. Allerdings benötigt man einen geschulten Blick dafür. Auf der großen Einkaufsstraße, die nachts zum Strich wird, kommuniziert man mithilfe bestimmter Codes. Wie ich von Eingeweihten weiß, zeigen diese Damen die Art ihrer Dienstleitung und das gewünschte Honorar dafür allein dadurch an, wie sie die Zigarette halten, wie sie sich durch die Haare fahren oder welche Kleidung sie tragen. Die Anbahnung dieses Geschäfts muss hier im Gegensatz zu vielen anderen afrikanischen Ländern sehr diskret und nonverbal ablaufen.

China:

Ein Straßenstrich existiert in Peking nicht, Prostitution ist in China verboten. Hier ist ohnehin unglaublich viel verboten, und manches wird trotzdem geduldet. So findet Prostitution zwar nicht auf der Straße, aber direkt daneben statt.

Vor einem großen Parteitag finden des Öfteren Säuberungskampagnen statt. Dann werden auch Prostituierte festgenommen und in ein spezielles Lager verfrachtet. Kaum ist der Parteitag vorbei, läuft von einem Tag auf den anderen wieder alles wie vorher.

Bei einigen Frisiersalons und Massageetablissements weiß man nicht: Ist das jetzt ein Friseur oder ein Bordell? Ich schaue dann, ob drinnen Friseure stehen oder Friseurinnen. Die Haare werden in China in der Regel von Männern geschnitten. Wenn dort also lauter Damen stehen, trete ich lieber nicht ein. In dieser Form findet die Prostitution relativ offen statt. Jeder in China weiß, dass man in diesen Friseursalons zu den Fräuleins gehen kann. Das Wort *Xiaojie* heißt übersetzt Fräulein, meint aber auch Prostituierte.

Türkei:

Straßenprostitution wird kaum geduldet in der Türkei. Prostitution ist zwar erlaubt, darf jedoch nur in sehr eng eingegrenzten Gebieten praktiziert werden. In der Istanbuler Altstadt zum Beispiel, in einem Rotlichtviertel, das man von außen nicht als solches erkennen würde. Dort herrschen strenge Vorschriften wie, dass in den Bordellen keinerlei Alkohol ausgeschenkt werden darf.

Wenn sich in Istanbul irgendwo ein Straßenstrich bildet, dann wir er schleunigst vertrieben. Deshalb muss viel über verdeckte Codes ablaufen, die mir aber nicht bekannt sind. Prostitution wird recht erfolgreich vor der Öffentlichkeit versteckt.

Früher wusste in Istanbul jeder: Auf der E5 gibt es den Straßenstrich. Dann wurden einfach Leitplanken am Straßenrand gebaut und die Zufahrten in die Nebenstraßen versperrt. Damit war der Straßenstrich erfolgreich vertrieben.

Italien:
Zwar sind Bordelle hierzulande verboten, Prostitution per se allerdings nicht. In Wohnungen oder auf der Straße wird Prostitution zum Beispiel geduldet. Dabei ist es offensichtlich, dass viele der Frauen, die ihre Dienste in Wohnungen anbieten, aus Osteuropa stammen und höchstwahrscheinlich zu dieser Arbeit gezwungen werden.

Die Straßenstriche in Rom sind deutlich als solche erkennbar, vor allem der, wenn man die Stadt verlässt in Richtung Meer. Als ich irgendwann mit meinem Sohn am helllichten Tag dort vorbeigefahren bin, fragte er mich: »Papa, was machen denn die ganzen Frauen hier?« Meine Antwort lautete: »Die warten.« Ich war froh, dass er nicht weiter nachgefragt hat.

Silvio Berlusconi, der ja selbst angeklagt ist, weil er die Dienste von minderjährigen Prostituierten in Anspruch genommen haben soll, hat erstaunlicherweise besonders scharfe Gesetze gegen Prostitution erlassen, als er noch Ministerpräsident war. Doch die Prostitution in Italien blüht.

Martin Polansky, Mexiko-Stadt
Alexander Göbel, Rabat
Ruth Kirchner, Peking
Thomas Bormann, Istanbul
Jan-Christoph Kitzler, Rom

SUPERMARKT

Kairo +++ Neu-Delhi +++ Tokio +++ Moskau +++
Stockholm

Ägypten:

Ich kenne hier in Kairo einen Supermarkt, in dem ich fast alles
kriege. Er ist zum Glück nur drei Minuten Fußweg entfernt, und
ich werde immer sehr freundlich begrüßt. Die Leute dort wissen,
dass ich rauche und fragen jedes Mal, wenn ich lediglich Brot
kaufe, ob ich nicht auch Zigaretten haben will.

In den ländlichen Gebieten gibt es eher kleinere Läden.
Diese haben den Nachteil, dass man nehmen muss, was es gerade gibt. Andererseits kann man am Angebot dieser Läden ganz
gut ablesen, wie es um die wirtschaftliche Lage des Landes gerade bestellt ist.

Indien:

Das Konzept Supermarkt gibt es in Indien im Grunde genommen nicht. Stattdessen findet man hier kleine verwunschene Geschäfte, die bis unters Dach zugestapelt sind mit Waren aller Art.
Dort bekommt man von Zahnpasta über Schuhcreme und Heftzwecken bis hin zu Spaghetti und Gemüse einfach alles, und ich
habe den allergrößten Spaß daran, in diesen Läden einzukaufen.

In Laufdistanz von meiner Wohnung habe ich den Händler
meines Vertrauens. Er heißt Vidot, und er weiß ganz genau, was
ich gerne esse. Meistens stapelt er mir diese Dinge schon auf
die Verkaufstheke, ohne dass ich irgendetwas gesagt hätte, und
rechnet den Preis am Ende handschriftlich aus. Wenn mein Einkauf sehr schwer ist, wird er mir sogar nach Hause getragen.

Japan:

Inspiriert von den USA gibt es in Japan riesige Hallen, in denen man einfach alles kaufen kann. Trotzdem haben aber auch die Tante-Emma-Läden überlebt.

Auf dem japanischen Land findet man die sogenannten *Convenies*, in denen nicht nur eingekauft, sondern auch geplaudert wird. In der Krise um den 11. März 2011 ist man hauptsächlich in diese Läden gegangen, um zu fragen, ob irgendjemand etwas gehört hat.

Die Japaner sind außerdem große Schnäppchenjäger. Wenn sie einkaufen gehen, haben sie immer einen Flyer mit den Sonderangeboten in der Hand. Viele ziehen tatsächlich von Supermarkt zu Supermarkt und suchen sich nur die Waren heraus, die gerade im Angebot sind.

Russland:

Es gibt unglaublich teure Supermärkte in Moskau, für diejenigen, die es sich leisten können. In diesen Schickimicki-Supermärkten läuft viel mehr Personal herum, als Kunden im Laden sind. Wenn man dort vor einem Regal steht und guckt, kommt sofort jemand und fragt, ob er helfen kann. Das ist oft schon ein bisschen aufdringlich. An der Kasse warten dann drei Leute: die Kassiererin, eine Frau, die einem die Einkäufe in Plastiktüten verpackt – nebenbei bemerkt in sehr viele Plastiktüten –, und einer, der aufpasst, dass alle alles richtig machen. Das hat natürlich seinen Preis. In solch einem Supermarkt gibt es schon mal Kirschen für umgerechnet sagenhafte 20 Euro pro Kilo. Und es sind beileibe nicht wenige Leute, die das zahlen.

Die Normalbürger gehen in kleinere Läden, in denen es noch wie früher zugeht: Ein Pappkarton liegt in der kalten Jahreszeit auf dem Boden, um den Matsch abzufangen, die Verkäuferinnen tragen Häubchen auf dem Kopf, und in den Regalen findet man viele einheimische Produkte.

Schweden:

Auf dem Land oder in den Vororten gibt es inzwischen sehr viele Supermärkte ohne Kassiererinnen. Als ich neulich in einem solchen Laden eingekauft habe, bekam ich richtige Schweißausbrüche, weil ich alles selbst einscannen musste. Der halbe Laden musste warten, weil ich mit den Scannersymbolen nicht klarkam. Die Schweden sind da anders. Sie lieben einfach jede technische Neuerung. Außerdem: Wer die Sachen selbst einscannt, erhält einen Rabatt, auch viele Sonderangebote greifen nur dann. Beim Verlassen des Supermarkts wird dann ungefähr jeder Zehnte kontrolliert, ob er auch nicht geschummelt hat.

Hans-Michael Ehl, Kairo
Sandra Petersmann, Neu-Delhi
Peter Kujath, Tokio
Gesine Dornblüth, Moskau
Tim Krohn, Stockholm

TISCHSITTEN

Peking +++ Istanbul +++ Buenos Aires +++
Los Angeles +++ Tel Aviv

China:
Hier in China sind die Regeln bei Tisch anders als in Deutschland. Zunächst wartet man in der Regel, bis alle sitzen, dann sagt der Gastgeber: »Chiba, chiba.« Das heißt in etwa: »Nun esst schon!« Beim Essen selbst ist in China vieles erlaubt, was in Deutschland unmöglich wäre: Schlürfen und Schmatzen zum Beispiel. Manchmal auch Spucken. Es kann schon mal vorkommen, dass Knochenstücke auf den Tisch oder auf den Fußboden gespuckt werden.

Aber es gibt auch Regeln, die man beachten muss, vor allem bezüglich der sozialen Beziehungen: Wer sitzt wo, wer isst als Erster, wem wird der erste Happen gereicht. Das ist genau festgelegt. Als ich neulich bei einer Universität eingeladen und dort der Ehrengast in der Runde war, fühlte ich mich richtig komisch, weil alle warteten, bis ich anfing zu essen. Als ich mein Essen beendet hatte, hörten plötzlich alle anderen auf.

Es wird in China ausschließlich mit Stäbchen gegessen, das ist nicht immer einfach für eine ungeübte Deutsche. Eine Nudelsuppe mit Stäbchen zu verspeisen, empfand ich zu Anfang als echte Herausforderung. Auch die generellen Regeln im Umgang mit den Stäbchen wollen gelernt sein. Verboten ist es zum Beispiel, auf jemanden damit zu zeigen, und die Höchststrafe gibt es, wenn man die Stäbchen in die Reisschale steckt, sodass sie wie Räucherstäbchen herausschauen. Bei diesem Anblick denken die Leute hier unwillkürlich an Friedhof und Tod.

Türkei:

Regel Nummer eins in der Türkei: Bei Tisch niemals die Nase schnäuzen. Das gehört sich nicht. Dazu geht man auf die Toilette.

Wenn ich in der Mittagspause in Istanbul etwas essen gehe, wundere ich mich immer, wie viele Einheimische ihr Gericht in wenigen Minuten hinunterschlingen. Auch mit Tischgebeten müssen sie sich nicht aufhalten, die sind in der Türkei nicht üblich. Man sagt vorher: »Afiyet olsun«, das heißt »Guten Appetit«. In der Regel beginnt das Essen mit leckeren Vorspeisen, den Meze. Joghurtmus zum Beispiel oder gefüllte Auberginen.

Wenn man mit Freunden in einem Restaurant sitzt und die Rechnung kommt, dann legen alle zusammen. Die Summe wird geteilt durch die Zahl der Beteiligten, und jeder zahlt gleich viel. Dass man den Ober zwingt, für jeden einzelnen Gast am Tisch auszurechnen, wie viel er zu bezahlen hat, das gilt in der Türkei als kleinkariert. Die türkische Sprache kennt dafür sogar einen eigenen Ausdruck: *Alman üssüli*. Übersetzt heißt das: auf deutsche Art und Weise zahlen.

Argentinien:

Ich persönlich mag die Tischsitten in Buenos Aires sehr. Der Lautstärkepegel in den Restaurants ist zwar hoch und deshalb gewöhnungsbedürftig, wenn man aus Deutschland kommt. Aber ich empfinde ihn als sehr angenehm, weil er so lebhaft wirkt.

Die Leute in den Restaurants hier haben natürlich auch immer ihre Handys dabei und telefonieren permanent. Das ist nun nicht so toll, doch weil ich selbst oft angerufen werde, ärgere ich mich nicht mehr darüber, und gehe mittlerweile auch ans Telefon. Mein Maßstab diesbezüglich hat sich inzwischen definitiv geändert.

USA:

Wie mit allem anderen in diesem Land, verhält es sich auch mit den Tischsitten: Es gibt totale Extreme. Es ist üblich, ohne Messer zu essen. Man sitzt am Tisch, schneidet alles klein, legt das Messer beiseite, nimmt die Gabel in die rechte Hand und isst. Die andere Hand ruht derweil im Schoß. Das allein finde ich schon sehr ungewöhnlich.

Dann gibt es hier außerdem keine Etikette wie »Guten Appetit!«. Nein, die Teller werden auf den Tisch gestellt, und schon mampft man drauflos. Falls einer noch gar kein Essen vor sich stehen hat, wird trotzdem begonnen. Die weniger feinen Esser beugen sich dabei einfach über ihren Teller und schaufeln sich alles in den Mund. Nicht besonders appetitlich.

Die Tischsitten verrohen in den USA wirklich zusehends. Es ist nicht unüblich, sich während des Essens das Bein unter den Oberschenkel zu klemmen, auch wenn man dann schräg am Tisch sitzt. Richtig schön wird es, wenn diese Esser noch das Telefon in die Hand nehmen, weil sie parallel schnell ein paar Nachrichten checken müssen.

Mir macht es in Restaurants großen Spaß, Pärchen zu beobachten, die ihr erstes Date haben. Als Frau hier sollte man genau darauf achten, wie der Typ isst. Das sagt sehr viel über seine Manieren insgesamt aus.

Israel:

»Betei avon!«, sagt man in Israel zu: »Guten Appetit!«. Die Israelis halten es mit den Tischsitten sehr entspannt. Es ist immer schön, im Restaurant auch anderen Leuten beim Essen zuzuschauen, weil sie mit reichlich Appetit bei der Sache sind und sich trotzdem viel unterhalten.

Zu den Tischsitten am Sabbat gehört, dass der älteste Mann am Tisch ein Gebet spricht, dann das Brot bricht und stellvertretend für alle den Wein trinkt.

An manchen religiösen Feiertagen sind bestimmte Speisen

verboten. Gesäuerte Speisen etwa dürfen an Passah nicht ver-
zehrt werden, um an den Auszug aus Ägypten zu erinnern.

Ruth Kirchner, Peking
Thomas Bormann, Istanbul
Julio Segador, Buenos Aires
Nicole Marwald, Los Angeles
Christian Wagner, Tel Aviv

TOURISTEN

Peking +++ Los Angeles +++ Rom +++ Mexiko-Stadt +++
Tel Aviv

China:
In China, insbesondere in Städten wie Peking oder Shanghai,
gibt es sehr viele Touristen. Man sieht sie in Gruppen von Sehenswürdigkeit zu Sehenswürdigkeit ziehen: Verbotene Stadt,
Himmelstempel, Sommerpalast und Platz des Himmlischen
Friedens. Zumeist enden diese Führungen auf den Billigmärkten,
wo die Touristen gefälschte Markenprodukte erwerben können.

Ich denke, die Chinesen betrachten dieses Spektakel mit ein
bisschen Amüsement. Wobei es natürlich auch sehr viele einheimische Reisende gibt, die sich mit den fremdländischen Touristen mischen.

USA:
In Los Angeles und in Kalifornien allgemein begegnet man den
Touristen immer und überall. Hier in Los Angeles ist der Sunset Boulevard der Touristenmagnet par excellence. Einheimische
trifft man dort seltener an, denn dort herrschen zu viel Trubel
und auch zu viel Abzocke.

Ansonsten stelle ich fest: Die Touristen sind allein daran zu
erkennen, dass sie einen Sonnenbrand haben. Die Asiaten laufen
mit einer unglaublichen Menge an Einkaufstüten der richtig teuren Läden herum. Die deutschen Touristen dagegen geben sich
eher mit dem Outlet Center zufrieden.

Jedes Mal, wenn ich Besuch aus Deutschland habe, absolvieren wir die klassische Tour: Wir fahren zum Sunset Boulevard.
Wenn wir dann an der Ampel stehen, kann es passieren, dass

jemand im Darth-Vader-Kostüm vorbeiläuft. Und als i-Tüpfelchen kommt ein anderer im Superman-Kostüm vorbei und fragt: »Hey Dark, what's up?«

Italien:

Ich habe manchmal selbst noch diesen touristischen Blick, wenn ich in Rom unterwegs bin. Dann staune ich über die Wunder dieser Stadt. Womit ich mich manchmal schwertue, sind die Massen von asiatischen Touristen. Früher sind sie aus den Bussen herauskatapultiert worden, haben ein Foto gemacht und sind dann wieder eingestiegen. Inzwischen laufen sie aber auch in Massen durch die Stadt.

Dort werden die Touristen gemolken, wo es nur geht. Restaurants und Bars etwa haben drei Preislisten: eine für die Stammkunden, eine für die Italiener, und eine für die Touristen. Und nun raten Sie mal, welche Preise am höchsten sind?

Die Italiener mokieren sich oft darüber, wie sich die Touristen benehmen und wie sie sich kleiden: Sie kippen riesige Bierkrüge zum Mittagessen hinunter, tragen kurze Hosen und Sandalen und sind generell sehr schlecht gekleidet. Das alles wird in Italien nicht sonderlich gerne gesehen.

Mexiko:

In Mexiko-Stadt gibt es nicht sehr viele Touristen. Die tummeln sich eher bei den zahllosen Pyramiden im Land oder an der Küste. Viele Jugendliche aus den USA feiern in Cancún oder Puerto Vallarta, weil sie dort Dinge tun können, die in ihrem Heimatland mit Sicherheit unmöglich wären. In puncto Zigaretten und Alkohol zum Beispiel herrscht hier vergleichsweise totale Anarchie.

Die Touristen erkennt man an ihren Shorts, sowohl die US-Amerikaner als auch die Europäer. Kaum ein Mexikaner läuft in der Öffentlichkeit in kurzen Hosen herum, das wird als peinlich empfunden. Man ist hier ordentlich angezogen.

Israel:

Wer hier ziemlich auffällt, das sind die Pilgertouristen. Sie sind in Gruppen unterwegs, haben ihren eigenen Pfarrer dabei, den man oft an seinem Kragen erkennt, und fahren für gewöhnlich nach Bethlehem, Jerusalem und an den See Genezareth, um die heiligen Stätten zu besuchen.

Dann gibt es die reinen Strandtouristen, die nur nach Tel Aviv kommen, um Strandurlaub zu machen und sich abends in den Clubs zu vergnügen. Vom Rest des Landes sehen sie wenig.

Recht interessant ist, dass die Touristen in Israel bei Hotelübernachtungen keine Mehrwertsteuer zahlen. Das sollte vor kurzem per Gesetz gekippt werden, ist letztendlich aber beibehalten worden, weil der Tourismus als Wirtschaftsmotor doch zu wichtig ist.

Ruth Kirchner, Peking
Nicole Markwald, Los Angeles
Jan-Christoph Kitzler, Rom
Martin Polansky, Mexiko-Stadt
Christian Wagner, Tel Aviv

TRINKGELD

Washington +++ Shanghai +++ Mexiko-Stadt +++
Nairobi +++ Rom

USA:
Viele Deutsche wollen sich einfach nicht daran gewöhnen, dass
in den USA zwanzig Prozent der Rechnungssumme als Trinkgeld
üblich ist. Dafür sind manche schlicht zu geizig. Dabei erhalten
die Bedienungen in den Restaurants oft nur den Mindestlohn.
Für sie ist das Trinkgeld ein wichtiger Bestandteil ihres Einkommens.

Hinterlässt ein Gast tatsächlich weniger Trinkgeld, ist das
ein Zeichen dafür, dass man mit dem Service nicht sonderlich
zufrieden war. In diesem Fall wünscht der Kellner dann auch
Feedback.

China:
In Shanghai gibt man – wie im Rest des Landes – kein Trinkgeld,
das hat hierzulande keine Tradition. China ist eine Dienstleistungskultur, kein Mensch sieht ein, warum man für eine Dienstleistung noch Extrageld bezahlen sollte. Der Kellner bekommt
sein Gehalt, und es ist hoffentlich hoch genug, dass er davon leben kann.

Wenn man trotzdem versucht, Trinkgeld zu geben, kann das
geradezu beleidigend wirken. Bei einer meiner ersten Chinareisen wurde ich von einem Fahrer chauffiert. Er war bereits bezahlt worden, doch ich wollte ihm gerne trotzdem noch etwas
zustecken. Als er mein Geld nicht annehmen wollte, dachte ich
zunächst, dass er nur zu bescheiden sei und sich nicht traut, es
anzunehmen. Ich habe daraufhin versucht, ihm das Geld aufzu-

drängen und zettelte damit einen regelrechten Zweikampf an. Zum Schluss ist mein Fahrer richtig sauer geworden, abrupt in sein Auto gestiegen und abgefahren.

Mexiko:

Hier in Mexiko gibt man im Restaurant, was man in Deutschland auch gibt: etwa zehn Prozent der Rechnungssumme.

In Mexiko werden allerdings auch für andere Dinge Erkenntlichkeiten erwartet. So gibt es hier zum Beispiel einen Tag des Lehrers. An diesem Ehrentag sollten die Eltern dem Lehrer etwas zukommen lassen. Je geringer das Geschenk ausfällt, umso größer ist die Gefahr, dass ihr Kind schlechte Noten bekommt.

Mir ist aufgefallen, dass die US-Amerikaner in Mexiko wahnsinnig viel Trinkgeld geben. Wir Deutschen sind da eher geizig. Als ich in Cancún einmal in einem All-inclusive-Resort Urlaub machte, lief das folgendermaßen: Der Deutsche dort sagt sich, dass doch alles bezahlt ist und rückt keinerlei Trinkgeld mehr heraus, während der US-Amerikaner für jeden Drink noch ein oder zwei Dollar extra hinlegt.

Kenia:

In den Straßen von Nairobi stehen sogenannte Security-Männer Wache, die sich ganz gerne noch etwas dazuverdienen. Wenn man dort parkt, sollte man ihnen in jedem Fall ein Trinkgeld zukommen lassen. Das ist gut investiertes Geld, denn anderenfalls kann es durchaus passieren, dass das Auto bei Rückkehr nicht mehr so schön aussieht.

Teilweise sind die Grenzen zwischen Trinkgeld und Schmiergeld fließend. Viele Leute erwarten hier für völlig selbstverständliche Dinge ein Trinkgeld. Dann gilt es, abzuwägen. Auch auf den Behörden werden Trinkgelder eingefordert. Dort heißt es zwar nicht: »Gib mir gefälligst etwas Schmiergeld«, sondern: »Kannst du mir nicht ein bisschen Geld für einen Tee geben?« Das ist die andere Art von Trinkgeld in Kenia.

Italien:

In Rom geht man jeden Tag in irgendeine Bar und trinkt dort einen kleinen Kaffee oder Cappuccino im Stehen. Den bezahlt man an der Kasse und erhält dafür einen Beleg. Auf dieses Zettelchen legt man dann meist noch eine kleine Münze vom Wechselgeld, zehn oder zwanzig Cent. Damit erhält man sich die Freundschaft seines Barista.

Weniger schön läuft das mit manchen Taxifahrern. Sie behaupten einfach, dass sie kein Wechselgeld haben und kassieren alles ein, was man ihnen gibt. Da muss man höllisch aufpassen in Rom. Je weiter südlich man sich befindet, zum Beispiel in Neapel, ist es sogar gang und gäbe, dass die Taxifahrer rein gar nichts zurückgeben.

Die Genuesen gelten hier im Übrigen als die Schotten Italiens, weil sie mit dem Trinkgeld knausern. Neulich war ich hier mit einem Genuesen essen. Als er keine Anstalten machte, welches zu geben, habe ich schließlich das Geld für die Bedienung auf den Tisch gelegt.

Marcus Pindur, Washington
Markus Rimmele, Shanghai
Martin Polansky, Mexiko-Stadt
Antje Diekhans, Nairobi
Jan-Christoph Kitzler, Rom

DANK

Für die Interviews über die Tücken in der Fremde und die freimütig berichteten Selbsterfahrungen gilt unser herzlichster Dank den Auslandskorrespondentinnen und -korrespondenten von ARD und Deutschlandradio:

- Sabine Adler, Warschau
- Thomas Bormann, Istanbul
- Antje Diekhans, Nairobi
- Gesine Dornblüth, Moskau
- Hans-Michael Ehl, Kairo
- Sebastian Engelbrecht, Tel Aviv
- Alexander Göbel, Rabat
- Stefan Heinlein, Prag
- Henryk Jarczyk, Warschau
- Ruth Kirchner, Peking
- Jan-Christoph Kitzler, Rom
- Tim Krohn, Stockholm
- Peter Kujath, Tokio
- Ulrich Leithold, Amman
- Nicole Markwald, Los Angeles
- Sabina Matthay, Neu-Delhi
- Hans-Jürgen Maurus, Zürich
- Sandra Petersmann, Neu Delhi
- Marcus Pindur, Washington

- Martin Polansky, Mexiko-Stadt
- Anette Riedel, Brüssel
- Markus Rimmele, Shanghai
- Jan-Philippe Schlüter, Johannesburg
- Julio Segador, Buenos Aires
- Doris Simon, Brüssel
- Jochen Spengler, London
- Reinhard Spiegelhauer, Madrid
- Stefan Troendle, Rom
- Jan Tussing, Los Angeles
- Christian Wagner, Tel Aviv
- Ursula Welter, Paris

Reisen – aber richtig!

Nele-Marie Brüdgam
KLEINES LEXIKON DER
REISE-IRRTÜMER
224 Seiten
ISBN 978-3-404-60781-5

Im Internet sind Reisen billiger als im Reisebüro? Kommt drauf an. Frauen sollten in muslimischen Ländern nicht alleine reisen? Stimmt so nicht. Und Venedig ist überteuert und viel zu touristisch? Zum Glück nicht! Die erfahrene Reisejournalistin Nele-Marie Brüdgam stellt in diesem Buch die häufigsten, skurrilsten, folgenreichsten und überraschendsten Irrtümer und Halbwahrheiten übers Reisen zusammen - und richtig.

Bastei Lübbe

Zwischen Touristen, Trolleys und Tomatensaft

Claudia Busch
ÜBER DEN WOLKEN
Kurioses aus dem
Fliegeralltag
272 Seiten
ISBN 978-3-404-60795-2

Claudia Busch ist angehende Lehrerin, ihre Zukunft scheint fest verplant. Doch die junge Frau will mehr. Kurz entschlossen wirft sie ihr altes Leben über Bord und wird Stewardess. Ein turbulenter Job mit Höhen und Tiefen! Mal muss sie zwanzig orthodoxe Juden beruhigen, die im Flugzeug keinen Platz zum Beten finden, mal eine korpulente Dame aus der winzigen Flugzeugtoilette befreien, in der sie mit heruntergelassener Hose feststeckt. Und dann ist da noch dieser gut aussehende Mann mit dem süßen Hund ...

Überraschend, romantisch und wahnsinnig komisch!

Bastei Lübbe

Der Urlaub könnte so schön sein – wenn nur die anderen Touristen nicht wären ...

Raymund Krauleidis
ACHTUNG,
GLOBETROTTEL!
Wovor Sie sich im Urlaub
hüten sollten
224 Seiten
mit zahlreichen
Abbildungen
ISBN 978-3-404-60783-9

Vorfreude ist bekanntlich die schönste Freude, vor allem auf die wohlverdienten Ferien. Doch warum nur sind die anderen Urlauber immer so komisch, um nicht zu sagen peinlich, anstrengend und nervig? Klarer Fall, sie haben sich eine Urlaubskrankheit eingefangen! Denn schneller als man meint, hat man Abschaltschwäche, Sandalismus oder gar das fiese Restless Kids Syndrom an der Backe. Doch keine Sorge, hier erfahren Sie nicht nur alles über diese und viele andere Urlaubskrankheiten, sondern auch über die wirksamsten Präventionsmaßnahmen und Heilmittel gegen all diese Leiden.

Bastei Lübbe

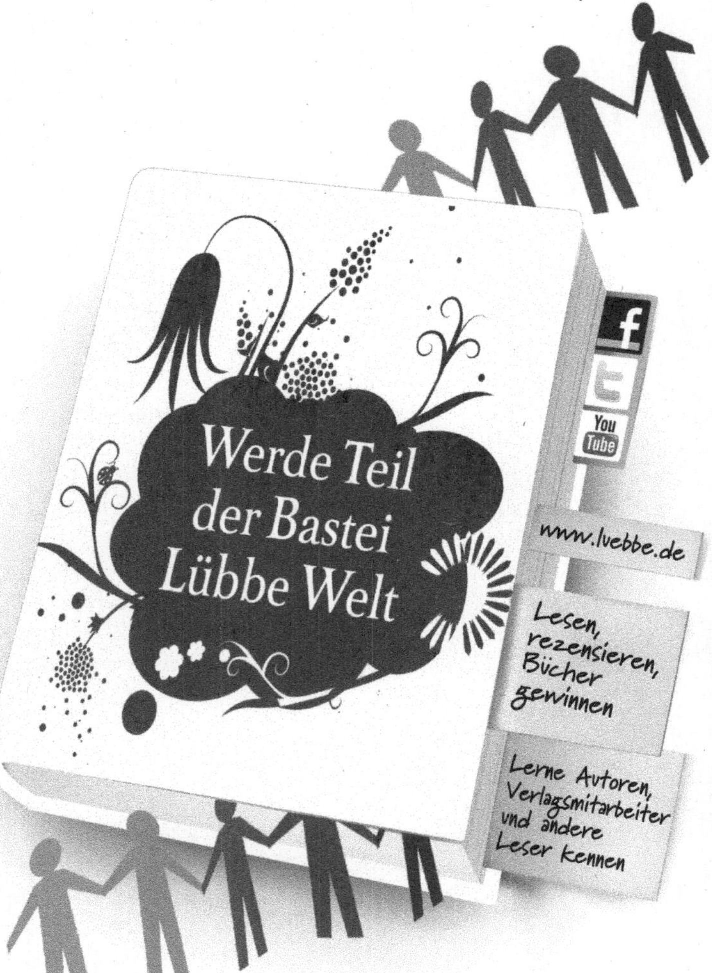
Werde Teil
der Bastei
Lübbe Welt
You
Tube
www.luebbe.de
Lesen,
rezensieren,
Bücher
gewinnen
Lerne Autoren,
Verlagsmitarbeiter
und andere
Leser kennen